# 601个人们深信不疑的谎言

〔比利时〕赫尔曼·伯尔（Herman Boel）著    王奕瑶　译

中国青年出版社    中商文传媒
CHINA YOUTH PRESS

# 601个人们深信不疑的谎言

## 图书在版编目(CIP)数据

601个人们深信不疑的谎言 /
(比)伯尔著;王奕瑶译.
一北京：中国青年出版社，2014.10
ISBN 978-7-5153-2833-1

Ⅰ.①6… Ⅱ.①伯… ②王… 
Ⅲ.①科学知识－普及读物 Ⅳ.①Z228

中国版本图书馆CIP数据核字（2014）第230359号

作　　者：[比利时] 赫尔曼·伯尔
译　　者：王奕瑶
责任编辑：朱小兰
美术编辑：夏　蕊
出　　版：中国青年出版社
发　　行：北京中青文文化传媒有限公司
电　　话：010-65511270/65516873
公司网址：www.cyb.com.cn
购书网址：zqwts.tmall.com　www.diyijie.com
制　　作：中青文制作中心
印　　刷：北京中科印刷有限公司
版　　次：2015年3月第1版
印　　次：2015年3月第1次印刷
开　　本：787×1092　1/24
字　　数：170千字
印　　张：11.25
京权图字：01-2014-2739
书　　号：ISBN 978-7-5153-2833-1
定　　价：39.00元

## 版权声明

Content

# 目　录

真相就像太阳一样，
你可以暂时遮住它，
但它却从未消失。

—— 埃尔维斯·普雷斯利（猫王）

• Elvis Presley •

# 名声大振的或臭名昭著的

## 1 迈克尔·杰克逊在加压舱内睡觉是为了使容颜不老

自从一张迈克尔·杰克逊睡在一个类似加压舱的房间里的照片曝光后，这个谣言就流传开来。这究竟是怎么回事？

首先，这位"流行乐天王"（《流行乐天王》也是迈克尔·杰克逊的专辑名）从来没有睡在加压舱或氧气舱内。他确实在1986年把一个氧气床捐献给了一家医院，在那里，这个设备有时用于加快伤口愈合。当时迈克尔把自己躺在氧气罩内的照片给了一名记者。不久，传闻便不胫而走，说这位另类的歌手通过在加压舱里睡觉来抵抗衰老。

迈克尔生前有过很多传闻，其中有些不幸属实。有一些则是他有意告诸世人的。他很享受自己受到关注。正是这样，他才称自己的生活为世上最伟大的表演。

## 2 Lady Gaga 是双性人

几年前这个谣言在互联网世界不胫而走。在2009年英国格拉斯顿伯里音乐节的演出过程中，她内裤中隐约可见一个凸起。这一图像传遍了世界，就像迈克尔·杰克逊一样，这位同样精力过于旺盛的歌手欣然接受这一传闻。她甚至在博客确认自己同时拥有男性和女性生殖器。因为在这个"表白"后谣言风车只会转得更快。——那你觉得呢？

最终她在接受采访时给出了"一切只是在开玩笑"的回答，她的确百分之百是女人。

# 3

## 玛丽莲·梦露和爱因斯坦
## 曾想一起要孩子

这个有趣的故事多年前曾出现在《读者文摘》上：爱因斯坦和梦露在一个聚会上相遇，梦露问爱因斯坦，如果他们一起要一个孩子，拥有他的大脑和她的容貌，会不会是一个极好的主意。爱因斯坦却不以为然，因为也有可能他们的孩子有她的大脑和他的长相。

这是那个时代出现在《读者文摘》上的许多虚构的故事之一，意在给读者带来一个灿烂的笑容。但真的发生过吗？不，不是这样。

## 4 沃尔特·迪斯尼死后被冷冻起来

有传言说卡通动画先驱沃尔特·迪斯尼1966年死后尸体被冷冻保存了起来，期望有一天医学界出现奇迹，能够让他起死回生。

这是一个美丽的传说，但不幸的是现实并非如此：迪斯尼死后尸体被火化，他的骨灰被撒在加利福尼亚州的一个墓地。任何复活的希望都因此破灭。

沃尔特·迪斯尼虽然没有被冷冻，却真的有人在冷冻状态下等待着医疗技术的突破。"人体冷冻保存"是这个领域的官方名称。比如在美国密歇根州的人体冷冻研究所，你只需支付三万美元，就可以将自己冷冻起来。当然只有在依法判定正式死亡之后，这个过程才会启动。目前在该机构付费寻求此项服务的有112个人以及91只宠物。

重要的细节：让冷冻生物起死回生的技术目前仍是空白。而且在不久的将来发生技术突破的可能性也极小。

## 5 小布什不仅看上去愚蠢，事实也的确如此

根据洛温斯坦（Roger Lowenstein）学院的一项研究表明，乔治·W.布什的智商（IQ）只有91；他的父亲，老布什的智商测试分数为97，略高一点。两个人的分数和他们的对手比尔·克林顿的182分相比都极为悬殊。

首先，洛温斯坦学院根本不存在，而且如果你仔细看一下整个数据，会发现共和党总统得到的平均分数比民主党总统要低。尽管如此，这项虚构的研究还是被国际媒体当真了。早前已有报道将小布什描绘成一个蠢人，他的政治对手绝不会错失任何机会来影射这位美国总统不是太聪明。布什倒着拿一本儿童读物，或是未打开望远镜防尘盖远眺的照片，对他的形象更起不到任何帮助作用。但如果这项调查是真的呢？智商为91的人真的笨吗？好吧，如果真是这样，那么有相当一部分读者也是傻子了。因为世界上半数人口的智商是在90和110之间，这被认为是一般水平的智商。

# 6 猫王还活着

每年当猫王埃尔维斯·普雷斯利的出生或逝世纪念日将至时，一定会有大量"摇滚乐之王"（King of Rock and Roll，也是专辑名）依旧还活着的故事甚至是视频出现。总会有亲眼见到埃尔维斯·普雷斯利的目击者。即使没有找到这样的证人，人们也会凭空捏造出一些目击者来。一些杂志知道用这样的故事做封面，可以大大增加杂志的销售量。

尽管在我们的地球上有很多长得像猫王的人，但使人确信猫王依旧生活在我们中间的消息却寥寥无几。但是，只要发挥一点想象力，你很快就可以弄出一个来。例如，有消息称，猫王被外星生物绑架了，因为他对人类的价值很大。

猫王的尸检报告在尸检三天后不翼而飞，就像从他胃里洗出来的东西一样不见了。人们如此热爱自己的偶像是感人的，但也毫无疑问很多骗子因此发了横财。

# 7 "披头士"的 保罗·麦卡特尼死了

这一传闻称，披头士乐队吉他手保罗·麦卡特尼在1966年死于车祸，死后他被一个叫作威廉·坎贝尔的人顶替。媒体迫不及待地开始挖掘这个故事，并在披头士的歌曲和唱片封面中寻找隐藏的事实。人们总能找到自己想找的东西。比如，其专辑封面《艾比路》就被看作一个送葬的队伍。数以十计的"证据"被陆续发现，但都不是真相。

麦卡特尼在1966年确实经历了一次车祸，但他没有留下任何后遗症。如果你仔细想想这件事，会发现保罗·麦卡特尼并不是那么容易就被替代的。如果你想找人代替他则需要找到长相酷似他的人，还得是个左撇子，会弹贝斯，并在唱歌的时候以同一种方式摆动头部。此外，他的替身必须能写出一推出便风靡世界并成为经典之作的歌曲。这实在不那么容易。但想象力超级丰富的人，总会将自己的故事版本描绘得有模有样。

## 8 蓝精灵<br>是专制者和独裁者

根据法国社会学家安东尼·布埃诺的描述，他们的领袖蓝爸爸，是一个追求共产主义理想的专制者：他禁止拥有私有财产，迫使蓝精灵生活在一个集体主义社会，来达到能源和食品领域自给自足的目的。布埃诺将蓝爸爸与斯大林和希特勒做比较，在互联网甚至可以找到蓝精灵致纳粹军礼的影片。

布埃诺说自己的理论主要是用来做学术辩论的。他的观点代表的是他自己的看法，人们应该学会用幽默的态度来审视。然而他对蓝精灵社会的批评也不是首创的：因为自从1958年第一次出现蓝精灵以来，也有成人对这个充满童真的儿童故事持有各种想法。很长时间里整个村子里就只有蓝妹妹一个女性蓝精灵，这让一些人觉得非常敏感。但不管怎样，不要忘记，蓝精灵冒险的故事首先是为了给孩子带来轻松和快乐。

## 9 励志歌曲的演唱者<br>其实自杀了

演唱广为流传的歌曲《别再担心，开心起来》的歌星鲍比·麦克菲林（Bobby McFerrin）没有遵循自己这支歌推崇的生活态度，轻率地结束了自己的生命。时不时还有他开枪自杀细节的最新披露。

除非麦克菲林被冒名顶替了（参见谎言7《"披头士"的保罗·麦卡特尼死了》），不然这个故事不对：麦克菲林在2013年还活得好好的，并频繁地作为艺术家和指挥登台演出。

不幸的是，音乐界确实有真的让人大失所望的例子："把你的烦恼塞进你的旧旅行包里，然后微笑，微笑，微笑"这首人们认为有史以来最乐观的歌曲，是由英国军队中士菲力士·鲍威尔（felix powell）所作。这首歌是"一战"期间大受欢迎的行军曲，并被评为最具活力的曲子。然而，鲍威尔显然没能坚持住这一生活态度。1942年2月10日，他用自己的手枪击中了自己的心脏。

# 10

## 政治家总是讲真话

可能只有很少的人相信这一点。对于怀疑者而言，我们将在下文罗列一系列政治家的谎言（不完整版）。

- "大家听好了，不加税。"（老布什一上台后就增加了税收）

- "我没有与那个女人发生性关系。"（比尔·克林顿谈及莫妮卡·莱温斯基）

- "我们会坚决抵抗一个佛兰芒人为少数派的联邦政府。"（荷兰前总理伊夫·莱特姆，之后组成了类似的政府）

- "一个佛兰芒人为少数派的联邦政府将会给国家带来危险。"（比利时前总理赫尔曼·范龙佩，之后组成了类似的政府）

- "我将保持和平。"（希特勒对英国首相张伯伦说）

- "在巴格达没有美国异教徒，永远也不会有！"（穆罕默德·赛义德·萨哈夫，也被称为滑稽阿里，而美国坦克彼时正驶入伊拉克首都）

- "我经历着无可救药的癌症的折磨。"（非常健康的荷兰左翼绿党议员塔拉·辛格·瓦玛说）

- "荷兰是世界上最安全的国家"［荷兰工党（PvdA）参议员玛伦·巴特（Marleen Barth）在2011年说道，事实上当时荷兰的安全指数仅位于世界第27位］

- 荷兰10%的人会实施安乐死，但往往是非自愿的。老人们会将写有"不要安乐死"的手链戴在手腕上。（美国总统候选人桑托勒姆关于荷兰的一些错误观念）

- "在丹麦，限速从110公里升到了130公里每小时。死亡人数急剧下降了25%。"（荷兰自民党政治家查理·阿普特鲁特在2011年说。而事实上，丹麦死亡人数增加了38%）

- "你也有份，布鲁图？"（凯撒在参议院被刺时说。如果凯撒说了那句话，他应该是用希腊语说的。根据大多数史料，他什么都没有说，就在寂静中死去）

# 11 拿破仑是一位小个子家伙

长期以来，大家都认为拿破仑只有1米57高：即使在他的时代都算是小个子。但这是一个巨大的测算错误。当拿破仑于1821年去世时，法国医生弗朗西斯科·安托马契在圣赫勒拿的尸检报告里面记录了拿破仑的身高：法国旧尺度的五尺二寸。英国人把数据照抄，但忘了法国尺寸比英国的稍长。实际上拿破仑大约为1米7高，也就是当时法国人的平均高度。那么为什么当时拿破仑被称为"小下士"？可能是因为这位皇帝被高大的保镖环绕着——皇家护卫军至少有1米8高。

# 12 维京战士戴着带角的头盔

维京人确实会戴上带角的头盔，但不是在战斗中。如果你仔细想想，就会很快得出结论：在战斗中带角头盔不会带来很大优势。相反，它为敌人割你的喉咙时提供了一个方便的抓手。所以大部分的维京人形象从历史角度来看是不正确的。

然而，关于这个头盔的传言并不是凭空出现的。历史研究表明，北欧和日耳曼德鲁伊人的确会佩戴类似的带角头盔，但只是在宗教仪式上。此外，古代凯尔特人也会戴类似的头盔，但头盔两侧用翅膀取代了角。

那么这一穿着上的误解是从何而来呢？这大概起源于古希腊人和罗马人。在他们的书中，辛布里人和其他北方民族戴的头盔就是用野生动物带角的头颅而制成的。而关于带角的辛布里人头盔的故事经常和战斗故事混淆在一起，所以才逐渐演变出了维京战士与带角头盔的标志性形象。

## 13 埃及艳后是一个极其漂亮的女人

克娄巴特拉七世——古埃及最后一任法老，因其美貌而闻名于世。这个形象归功于莎士比亚，而好莱坞也延续了这一传说。罗马硬币上展示了一个完全不一样的克娄巴特拉：大鼻子，突出的下巴和厚嘴唇，这完全不符合当前理想美人的标准。克娄巴特拉也许不是最美的，但她毫无疑问是最受欢迎的。同时代人将其描述为特别有魅力的聪慧的女人。

小细节：克娄巴特拉甚至不是埃及人，而是希腊人。她的祖先，托勒密是希腊马其顿亚历山大大帝的一位将军。因此克娄巴特拉说希腊语，因而据说她是第一位说当地语言的埃及统治者，其实也是不正确的。

## 14 斯大林有11个脚趾

有很多关于斯大林遗体的传闻：他有一只脚的中间两个脚趾是连在一起的，他有一个干瘪的手臂，这是他幼年得天花的结果等等，这类传闻不胜枚举，但这些都没有真凭实据。斯大林的画像里面没有一处畸形。大概这个关于畸形的传言是源于人们对他的无可奈何和仇恨感。

## 15 梵高割掉了自己的耳朵

文森特·梵高（1853～1890）被神秘化了。其中一个例子是说他在1888年与法国画家高更争吵后割断了自己的耳朵。任何在梵高生命的最后一年半与他相识的人都声称他只切了一部分耳垂。

还有其他证据：争吵事件发生后，高更的一幅绘画中可以看到梵高的（几乎）整个左耳。

# 16

## 爱迪生发明了电灯泡

英国天文学家和化学家沃伦·德拉鲁在1840年将螺旋铂丝放入一个真空管，并使电流通过该真空管，于是第一个灯泡诞生了。而此后的四十一年，托马斯·爱迪生获得了灯泡的专利。与此同时，其他一些发明家正在处理多样化灯泡模式。与许多发明创造一样，人们应该把灯泡的发明看作一个集体成就。

此外，大量被归功于爱迪生的发明创造在很大程度上也是基于其他人的工作才得以完成。因此爱迪生被一些人描述成了一个狡黠并有商业天赋的人，通过改进其他人的发明来申请专利。

这并不意味着我们要唾弃爱迪生。他确保了灯泡可以大规模使用，并为大众传播和技术推广做出了重要贡献。只是他的做法并不是最公平的。

# 17

## 法国发明家约瑟夫·吉约坦（Joseph Guillotin）死于自己的发明

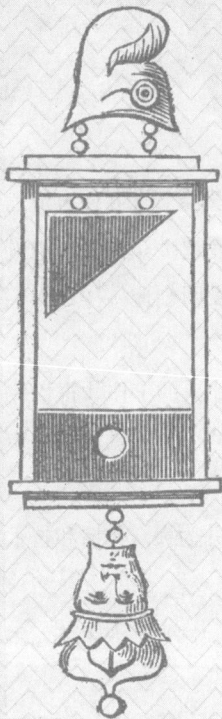

约瑟夫·吉约坦医生（1738～1814）并没有发明断头台，也没有死于断头台，甚至他试图用其一生来断绝与断头台的关联，但收效甚微。机械化的斩首机器在吉约坦出生前就存在了。最早可追溯到1286年英国人哈利法克斯的发明。然而，断头台的名字仍然归功于这位法国医生。作为法国国民议会的议员，他于1789年10月10日，对死刑改革进行了辩护。吉约坦建议所有死刑以同样的方式判处——当时执行的方法是基于被定罪者的状况与犯罪的性质——用机器来砍他们的头。他向人们保证机器斩首无痛，这引起了不少争议。在一首嘲讽歌曲里人们将这种机器称为"小吉约坦"，意为吉约坦医生的小宝宝。该装置后由法国外科医生安托万·路易斯改进，他可能听从了吉约坦的建议。德国钢琴制造商托比亚斯·施密特也加入到这个设计项目。这个机器一度被命名为路易斯特，但"小吉约坦"仍被广为流传。虽然可能有一个 J. M. V. 吉约坦被这个机器斩首，但此吉约坦非彼吉约坦。约瑟夫在1814年自然死亡，并自此之后一直埋在拉雪兹神父公墓。

# 18 人猿泰山利用藤条在丛林中移动

这个谎言包含不少于两个错误。首先，没有藤本植物生长在丛林中。此外，藤本植物从下往上生长，他们是木本，完全不灵活。因此，人猿泰山不可能通过藤从一棵树摆到另一棵树。

然而在丛林中确有从顶部向底部生长，并被动物用作移动工具的植物。但动物比人类轻，所以其实这类植物根本支撑不了人猿泰山。即使可行，那么电影中泰山还必须有超出常人的能力——在藤蔓间移动毕竟是非常累人的。

# 19 莫洛托夫（Molotov）是莫洛托夫鸡尾酒的发明者

莫洛托夫鸡尾酒由一个里面装满易燃液体的玻璃瓶组成，通过灯芯或抹布可以将其点燃。这个简单而有效的炸弹可能是在西班牙内战期间由佛朗哥（Franco）的军队作为反坦克武器被首次使用。在苏联和芬兰的冬季战争期间，芬兰大量使用这个燃烧瓶，并开玩笑地称之为莫洛托夫鸡尾酒。此莫洛托夫是指苏联外交部部长维亚切斯拉夫·莫洛托夫（Vjatsjeslav Molotov）。这个笑话实际上是一种侮辱：莫洛托夫是芬兰被纳粹德国和苏联瓜分的始作俑者。

# 20 安东尼奥·萨列里（Antonio Salieri）恨莫扎特

在电影《莫扎特传》（*Amadeus*）的开头，安东尼奥·萨列里大声地说他杀死了莫扎特。而在现实中这两人相处得十分融洽，尽管相互间有一些竞争。

他们之间的所谓敌意主要是古典音乐界里德国和意大利两个不同派别之间的竞争。

## 21 德古拉（Dracula）不存在

德古拉是肯定存在的，虽然他明显不是吸血鬼。布莱姆·斯托（Bram Stoker）的作品《德古拉》中的主角原型是弗拉德三世·采佩什（Vlad de Spietser），一位瓦拉几亚大公，他因刺穿其对手身体而闻名。德古拉是罗马尼亚语"龙之子"的意思。

还有一个女伯爵德古拉：伊丽莎白·巴托里（Elizabeth Bathory）是匈牙利伯爵夫人。她与其他四人一同杀害了上百个女孩。这些恐怖故事使人们联想到弗拉德三世·采佩什，并使她赢得了"德古拉女伯爵"的绰号。

## 22 罗宾汉一定穿绿色紧身衣

我们都知道罗宾汉是一个穿着绿色紧身衣、戴着绿帽子的男子形象（在动画片里是狐狸）。但是，这形象是不正确的。

在最早有关罗宾汉的故事里（15世纪的歌谣），罗宾汉和他的手下穿着有鲜红色条纹的披肩。在其他的歌谣里面罗宾汉穿红色的服饰，而他的手下则身着绿色服饰。罗宾汉穿的是一种由昂贵的羊毛编织而成的猩红色衣服，那是中世纪最昂贵的服装材料，并且是一种身份的象征。在之后的版本中罗宾汉才身着绿色。

## 23 比尔·盖茨（Bill Gates）赠送了他的财富，你如果转发一封邮件，就会得到一部分

这是一个普通的连环信的例子，只是在这里取代平信的是电子邮件。反正只是尝试，不都说"试一下没有损失"吗？但是请记住，这样就有一个垃圾邮件被发给很多有效的电子邮箱地址，包括你自己的。如果你收到这样的E-mail，只有一个正确的处理方式：删除。

# 24 美洲以亚美利哥·韦斯普奇（Amerigo Vespucci）命名

这往往是和哥伦布踏上美洲大陆相提并论的（另见谎言478"哥伦布发现了美洲"）。但两者都有误。韦斯普奇是意大利商人和制图家，他从来没有到过北美，也从来没有在自己的地图上使用过"美洲"一词，这是符合逻辑的，因为新的国家或大陆从来没有用人的名字来命名，而总是以姓氏命名。

"美洲"这个名字来自理查德·亚美利科（Richard Amerike），一位来自威尔士的富有商人，他是约翰·卡波特（John Cabot）1497年跨大西洋航行的主要投资者，铺平了英国人占有北美的道路。当时的传统是将新的发现以重要投资人来命名。卡波特于1497年作为第一个欧洲人踏上美洲大陆时，跟随着很多来自亚美利科故乡的资助人，于是他将这块新大陆称为"亚美利科"，他的经济靠山的名字。

# 25 圣诞老人是可口可乐想出来的

有相当多的人相信圣诞老人是由可口可乐公司发明的。这完全不对。圣诞老人（又名圣·克劳斯）来源于欧洲的圣尼古拉斯，圣尼古拉斯的形象则源于某位历史人物，他于公元270年出生于今天土耳其的帕塔拉港口。他说希腊语，担任米拉（Myra）主教。他死于公元340年12月6日。希腊天主教会在550年将其称为圣人，并在伊斯坦布尔为他建了一座教堂。

早在19世纪美国就有我们现在熟知的圣诞老人。可口可乐对圣诞老人的形象发展起到了一定的作用。从19世纪30年代起圣诞老人就频繁出现在可口可乐的广告中，以至于人们认为可口可乐发明了这个形象。

# 26 海盗用眼罩遮住自己瞎了的眼睛

在每一部海盗电影里都能看到戴着眼罩的海盗。很明显这是用来遮住失明的眼睛。而海盗戴着眼罩真正的原因却要复杂些：在海盗时代人造光源尚未大量普及，因此船舱里光线容易昏暗，而且那时候他们经常在夜间活动。因为人眼需要数分钟来适应黑暗的环境，一个猛然间进入黑暗船舱的海盗与已经让自己的眼睛习惯了黑暗的水手相比毫无优势可言。戴眼罩的海盗用一只眼睛来观察，而眼罩后的那只眼睛则用来熟悉黑暗。当海盗进入一个黑暗的空间时，他们只要把眼罩摘掉，便立即能在黑暗中获得更好的可视性。

# 27 所有的海盗船都有一个带着白色头骨的黑旗

另一个关于海盗的老生常谈：黑旗白骨。海盗船确实是有一个黑色的旗子，但你不必担心：当黑旗挂起时，这意味着海盗船正在接近，邀请对方自愿投降。而简约的红色旗子出现时，你面临的将是沉重的打击。究竟旗帜上有什么，因船而异。臭名昭著的黑胡子海盗船上是一个奇怪的标志：骷髅、一个沙漏和一支刺穿心脏的利剑。

比起著名的骷髅或者头骨来，沙漏是海盗更常用的形象。

## 28 灰姑娘穿着水晶鞋

灰姑娘，最著名的童话人物之一，并没有穿水晶鞋。查尔斯·佩罗（Charles Perrault）在17世纪依据当时的传说故事写出了现在人们熟知的这个版本。根据故事不同的来源，共有340种不同的版本。但佩罗在翻译时犯了一个错误。佩罗版本引用的源自中世纪的故事里鞋子是"vair"做的，那不是玻璃而是松鼠的皮毛。佩罗却把它翻译成了"verre"，即玻璃。佩罗还为原故事增加了小老鼠、善良的仙女和南瓜等形象。此外，令人大跌眼镜的是，之前的版本里面从来没有出现过水晶鞋。

## 29 高卢人留辫子，并将他们的裤子用皮带绑住

辫子和皮带总能使我们联想到漫画英雄阿斯特里克斯（Asterix）和奥比里克斯（Obelix），但这样的形象是否属实？古代高卢人其实不系皮带，但他们会穿背带裤。此外，他们根本没有辫子。一个爱美的高卢人会在他的头发上喷上一种石灰水发胶，使其看上去更金黄和油亮。然后，将头发梳成后背头。

## 30 蓝精灵村实际上并不存在

事实上是存在的！ 西班牙村子胡斯卡（Juzcar）在2011年被全部涂成蓝色来推广蓝精灵电影。通过公投，该村最终决定保持现状来增加额外的旅游收入。胡斯卡并不是唯一一个蓝色的城市。印度的久德浦（Jodhpur）完全被涂成蓝色，当然这和蓝精灵丝毫无关，这是种姓制度的结果。此外还有一个粉红色的城市，也在印度，叫斋浦尔（Jaipur）。

# 31 拿破仑不让他的妻子约瑟芬洗澡

据传，拿破仑在征战几个月后回家的归途中会派使者提前给自己心爱的约瑟芬带去不准她洗澡的要求，这样他就可以好好闻闻她身体的气味。这个故事最早的来源是1981年。没有任何证据可以证明拿破仑会对他的妻子提出这样的要求。此外，还有一些关于拿破仑的不好的传闻，但这些都是空穴来风，大部分来自W. G. 威尔士的戏剧《皇家离婚》。

---

# 32 亨利八世有六个妻子

英国国王亨利八世（1491～1547）曾经和六个女人结过婚，但是他只有过两任正式妻子。

作为英国教会的领袖，亨利本人废除了他的第一次婚姻。和安妮·博林（Anne Boleyn）的第二次婚姻被教皇宣布为非法，因为国王和他第一任妻子尚未解除婚约。珍·西摩（Jane Seymour），他的第三个女人，死于他们的儿子爱德华生产的术后并发症。他的第四段与克里维斯的安妮（Anne of Cleves）的婚姻被视为无效，因为她并未被正式加冕。此外，安妮与洛林公爵继承人弗朗西斯（Francis）订过婚。在当时，订婚后便无法与别人结婚。他的第五任妻子凯瑟琳·霍华德（Catherine Howard）犯了通奸罪，因此他们的婚姻也被宣布无效，凯瑟琳也像安妮·博林一样被斩首。最后，凯瑟琳·帕尔（Catherine Parr），亨利的第六任妻子，比他活得长——作为亨利八世的妻子，这算是很不错了。

总结一下，亨利八世共有过六次婚姻，其中有四次无效。

# 33 爱因斯坦小时候在学校数学成绩很差

"如果天才爱因斯坦在学校都没有取得好成绩，那么我还是有希望的。"对于那些学习数学有困难的人来说，这的确是很好的安慰。不幸的是爱因斯坦是名差生的说法完全是谣言。爱因斯坦在学校其实取得了很好的成绩。这个谣言产生的原因可能是在爱因斯坦上学期间德国学校的评分系统是六分制，后来变成了十分制。这样人们误认为爱因斯坦的分数也是在十分制下取得的。此外，爱因斯坦大学入学考试并没有及格。还有一个不能忽视的细节是，他当时只有15岁。

---

# 34 兔八哥是家兔

和复活节兔子一样，兔八哥是一只野兔。诚然，这部卡通的创造者乐尼（Looney Tunes）使我们有些迷惑：兔八哥在动画片里面不断地被叫作"家兔"（或被猎人艾玛叫成wabbit）。野兔比家兔大一些，有较长的耳朵。因此兔八哥外观更像一只野兔。但是兔八哥住在一个洞里，显然野兔不这样，这明显是家兔的行为。因此您可以认为，兔八哥是生活在固定兔子洞的野兔。

让人恼怒的是
真理竟然如此简单。

—— 歌德

• Johann Wolfgang von Goethe •

# 伪科学

## 35 顺势疗法是有效的

　　许多医生相信顺势疗法药物的治疗效果，因此并不反对给病人开这类药剂。病人往往盲目信任医生，按照处方服药，殊不知，服用这些药物的效果其实和每天吃一粒糖果一样。

　　问题在于有很多所谓的科学出版物都大肆宣传顺势疗法药物的神奇疗效。如果你仔细研究这些出版物的话，似乎总能发现研究应用方法上的错误。整本书的内容都是关于顺势疗法是否有效的讨论，而更深入介绍这类疗法反而像是有点走题。科学界一致认为如果不考虑顺势疗法类似安慰剂的作用，其药物因高度稀释所产生的疗效甚微。

# 36 针灸是安全的

　　针灸已经存在了上千年，这足以让许多人认为它确实有效。但是连中国政府都不承认针灸是有效的医疗手段这一事实可以给我们一定的启示。没有确凿的证据表明针灸可以治愈疾病。可以肯定的是针灸如果没有按正确的方式操作，可能带来风险。针灸过程中如果使用的不是无菌针，就可能导致感染，而且针头可能造成局部神经损伤并伴随出血。在某些情况下还会造成肺功能丧失及肾出血，甚至导致死亡。如果说针灸完全没用又有些过分。除了安慰剂效应、反刺激效应，还可以缓解疼痛。反刺激是指你的注意力完全集中在刺激你大脑的针刺感。大脑只能同时处理数量有限的刺激。如果你某个部位痒，然后挠了挠那个部位，你大脑就会感觉到痒和抓痒带来的刺激。因为大脑不能同时处理所有刺激，这样你感觉到的痒就会因此减少。同样的原理也适用于针灸：针的刺痛感带来了额外的刺激。但是针刺的位置并不重要，从未有任何证据发现你的皮肤上有运行的经脉。

# 37 你的笔迹反映你的个性

　　如果你的字迹字间距离很大，说明你性格孤僻；如果你字迹的线条如鞭子一般，则说明你有虐待狂倾向。这些只是你的笔迹透露的一些信息。而事实上，一个人的笔迹和他/她的心灵和品格之间毫无关联。

# 38  恒星和行星的位置会影响你的个性

每个星座被赋予了一整套特质。例如，天蝎座性格激烈、执着、专一、控制欲强、细心、报复心强、热情、封闭、狂热、嫉妒心强、思维缜密。因此不可避免的，每个人都会找到符合自己的特点。

虽然众多的研究表明，性格和星座无关，但许多人仍然坚信杂志里的星座预测。对于一些人来说，这些预言带来的是不可思议的喜悦，而对另外一些人来说可能只是个空洞的寄托。

# 39  塔罗牌能预测你的未来

如果他们说你能再活一段时间，并最终死亡，他们是正确的。但这个预言不用塔罗牌也可以推测出来。在这种情况下，没有任何科学证据表明你可以借用纸牌预测未来。

很遗憾的是，即使科学证明他们没有通灵能力，这类占卜师仍然相信自己有预言的能力。更糟糕的是还有不少人愿意掏腰包给这些占卜者。

## 40 随着年龄的增长
人们会变得更爱抱怨

最近的研究表明，我们的性格在30岁以后很少再改变了。所以，如果你在40岁时开朗和乐于交际，那么你即使到了80岁也是如此。当然，也有例外的情况，主要是因为患上与年龄有关的疾病，比如老年痴呆症或心脏病发作。所以，如果你结婚时你的伴侣已经超过30岁，你可以放心，你伴侣的性格余生都不会有太大变化。

## 41 相信自己，
你就会成功

不幸的是这种哗众取宠的心理把因果关系调换了。看上去似乎自信的人获得了很多成功。现实的情况却正好相反。

拥有良好的社交和沟通能力的人以及拥有良好的抗压能力的人更容易获得成功。而正是他们获得的成功提高了他们的自我形象和自信心。

## 42 灵媒可以和
死去的人对话

任何人都可以和死去的人对话，但只有少数人声称逝者会回应。

灵媒突然给出他/她不可能知道的信息看起来的确令人震惊，但现实没有这样精彩。灵媒从你那里套出用来让你相信自己确实和死去的人获得接触的信息。你与死者取得联系的愿望大到你下意识地给出大量的信息，并很容易原谅灵媒赌错的答案。灵媒确实有天赋：他们非常善于操纵他人来获取不容易让人注意的信息，然后谎称这些信息是从死去的人那里获得的。

# 43

## 手掌可以预测你的未来

在中世纪手相大师是用来预测未来的。当时人们相信手上某些纹路表明人与魔鬼签订了契约。手相学被天主教教会否定，但在17世纪仍有几所德国大学在教授这门学科。18世纪英国取缔了手相学。在20世纪的美国，手相学十分流行，甚至出版了一本相关的《完全傻瓜指南》系列丛书。

我们的手透露了很多关于我们的信息：手粗糙的人很可能大量劳作，留着长而尖的指甲的不会是泌尿科医生，每个人——甚至同卵双胞胎——都有不同的指纹。

医生有时通过观察病人的指甲可以迅速推测出所患疾病。这些预测是基于指甲的外观和特定疾病之间的对应关系。此外，医生不会仅仅观察指甲就做出诊断。

与之对比，手相没有任何科学依据。没有理由根据你的手掌某一条纹路的长度预测出你可以活很久。寿命与很多因素有关，并很大程度上依赖于巧合，如此复杂精密的事情是无法预测的。

## 44 通过发泄
### 可以摆脱烦恼

谁都知道惊惧之泪乐队的著名歌曲《尽兴喊叫，让这一切释放》（*Shout, shout, let it all out*）之所以能写成，正是源于一个乐队成员的心理医生告诉他需要时不时地吼出内心的挫折感。

对于这位心理医生的建议，一些精神科医生表示认同，而也会有另一些医生告诉你发泄只会导致更多的愤怒和挫折，这是一种自我强化的过程。

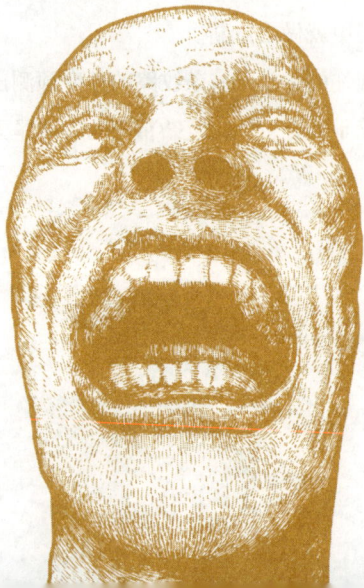

## 45 圣诞节期间
### 自杀的人数上升

与你想的可能正好相反，自杀多发生在炎热的夏季。对此尚且没有一个合理的解释。

## 46 在高压电线附近生活
### 是不健康的

有许多关于长时间暴露在高压电线附近的健康风险研究。一个可能性是孩子患白血病的风险略有增加，除此之外高压电线对人体健康没有任何影响。

即使长期的健康影响也是微乎其微，接近于零的。唯一的例外是暴露在高压电线的辐射下增加了孩子患白血病的额外风险，但这种风险非常小。每年每10万白血病患儿中会有两到三名可能是由高压电线辐射所致。而且至今仍然不能确定这完全是高压电线导致的。

# 47 创伤记忆会被替换

一半到四分之三的心理咨询师认为创伤性事件会隐藏在我们记忆的某处并可能导致一些问题产生。只有在其根源被发现之后才能彻底解决。

然而，科学研究表明潜意识中的很大一部分记忆是虚假或被歪曲的。只有极少数关于性虐待或其他的创伤性记忆最终被证明是真实存在过的。

一个主要问题是，许多被恢复的创伤性记忆都是被治疗师暗示性的提问所激起的虚假记忆。实验研究证实了这一点。在大多数国家中被激起的创伤性记忆没有任何法律价值。

这么看来创伤性记忆不是被放置在大脑某一个遗忘的角落，而是有意识地被创造了出来。

# 48 工作场所的抱怨会导致脑损伤

直到布里特·特雷弗·G. 布莱克（Brit Trevor G. Blake）发表这个所谓的科学研究成果，并立即被几个网站采用之前，从来没有人相信这一说法。布莱克说，他的结论是以美国教授罗伯特·萨博尔斯基（Robert Sapolsky）的另一项研究作为基础的。这项研究显示他人的抱怨会使我们的大脑皮质醇水平提高，导致我们的神经元受损。

布莱克很聪明：他选择了一个在外界刺激对身体影响研究领域颇有建树的世界级专家，并摘用了其研究的一部分成果。萨博尔斯基的研究表明，长期的压力会对大脑造成负面影响。但布莱克自己编造了"工作场所的抱怨是压力之源"这一说法。无独有偶，他最近又写了一本关于解决这个不存在的问题的方法的书。布莱克的结论在任何情况下都是"一派胡言"。

# 49 使用移动电话会致癌

针对手机使用和癌症之间的关联有许多相关研究。结论很清楚：各类科学文献表明，移动电话的使用并不会提高患癌的风险。然而，政府机构也没有发表过任何关于手机使用是绝对安全的声明。癌症的产生毕竟是一个日积月累的过程。由于手机仅在过去15年才出现在我们的生活里，我们还难以得出关于其长期影响的任何结论。所以我们的结论是手机不会导致癌症，至少现在不会。无线网络和WiFi热点也是一样。

# 50 手机可以用来煮熟鸡蛋

在互联网上可以找到两名俄罗斯小报记者用自己的手机煮熟鸡蛋的报道。一个鸡蛋被放置于两个手机之间，一个多小时后鸡蛋完全熟透。该测试随后被许多人尝试，但没有一次成功。自己试试吧！

如果不愿意自己尝试，就请相信数字吧。即使两个手机辐射能量的最大功率达到0.25瓦特，并假设鸡蛋吸收了所有的能量，那么经过60分钟温度仅可以达到13℃。

# 51 手机可以导致加油站爆炸

手机如何导致加油站爆炸是一个谜。在任何情况下，都不可能通过电池，因为电池只有12伏，而且其电流比汽车电池（也不会引起火灾）等要弱得多。此外，手机也不会导致火花产生，手机电话是纯粹的低周波讯号。探索频道《流言终结者》节目曾经详细关注过这个现象。即使把一个处于开机状态的手机放在一个封闭的装有高度爆炸性混合物的容器中，也不会引起火灾。

## 52 手机辐射对蚂蚁的嗅觉有影响

据最近的一项研究表明，手机辐射对蚂蚁的嗅觉有影响，蚂蚁因此迷失方向，无法找到它们归巢的路，最终死亡。研究人员得出的结论是，如果辐射对蚂蚁有害，那么对人类可能也会有不利影响。然而，这项研究随即遭到广泛批评，原因是关于昆虫的结论不能简单地应用到人类身上。此外，实验中可能还有其他影响蚂蚁方向感的因素。蚂蚁暴露于辐射产生器发出的辐射中，而这台辐射产生器与一台通风设备连接在一起。这意味着蚂蚁不仅暴露于辐射中，还受通风设备发出的噪音以及排风的影响。因此，蚂蚁迷失方向的原因可能是来自噪音和风，而不是辐射。就目前而言，没有任何的研究得出的结论可以证明手机的辐射对人体有害。然而，科学家们对他们的结论持谨慎态度，事实上，还没有什么已知的辐射对人类有长期影响。

## 53 手机辐射干扰医院设备的运行

大多数医院要求人们关闭手机。这其实只是一项预防措施。迄今为止，研究证实手机只有在使用范围为几厘米的距离内对极少数的器械有干扰。干扰的危险性是非常小的，但它确实存在。所以我们最好遵从医院的相关规定。

## 54 飞行中使用手机会致使飞机坠毁

25年来，航空当局测试了比飞机上的电子设备高出上百倍的干扰水平。但从来没有出过岔子。然而，手机的确可以干扰机舱工作人员，但不可能达到致使飞机坠落的程度。越来越多的航空公司允许在机舱里使用电子设备。

## 55  风车使得全球变暖

据荷兰某网站的一篇文章报道，风车公园会引起地球升温。一项研究的确证明了风车密集的公园附近温度有所升高。根据这项研究，风车夜间将较高空气层的温暖空气带到了低空层，结果升高了地区局部温度。但事实上全球的温度不会因为这些地区的局部现象而产生变化。即使风车会加速全球气候变暖（当然这是无稽之谈），与其为人类带来的正面影响相比，这个小小的影响对我们这个星球来说完全可以忽略不计。通过替代化石燃料，风车的使用反而降低了全球温度。

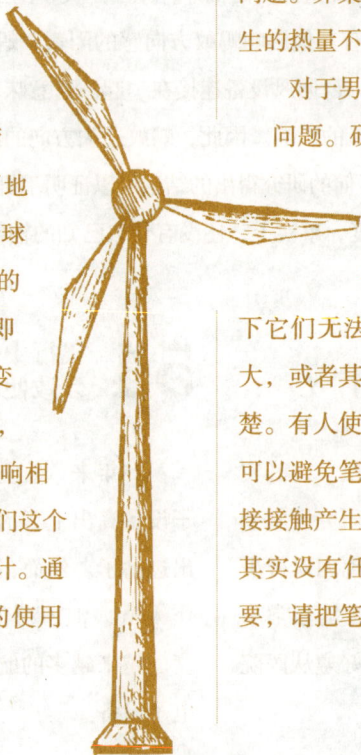

## 56  在膝盖上使用笔记本电脑会导致不孕不育

这一论断有一半是谎言。对于女性来说，将笔记本电脑放在膝盖上工作完全没有问题。卵巢在人体内部，因此笔记本电脑产生的热量不会对女性生殖器官带来影响。

对于男性来说，这是一个稍微复杂些的问题。研究表明，工作时将笔记本电脑放在大腿上会导致睾丸温度升高。这种温度上升对精子细胞来说是个坏消息，在高温下它们无法正常活动。这个负面影响有多大，或者其影响是否不可逆转，目前还不清楚。有人使用笔记本电脑垫，他们认为这样可以避免笔记本电脑与自己"命根子"的直接接触产生不良影响。但效果与不用电脑垫其实没有任何区别。考虑到男性健康的重要，请把笔记本电脑放在桌子上使用吧。

## 57 满月时
## 会出生更多的婴儿

这可能和人体大部分由水组成有关，而月亮对地球上的水有一定影响。如果这是真的，在新月也应该有更多的婴儿出生，因为那时也有小潮（并非如此）。月球影响妊娠极为不可能。在任何情况下，内部因素更容易影响怀孕。

## 58 电梯下坠时在触地前跳起
## 会最大可能提高你的生存概率

不幸的是，起跳没有任何用处。跳的时候你的速度比下坠电梯的速度慢好几倍。因此，效果甚微——你保持几乎一样的速度坠落。根据电台节目《青年和科学》，你必须坐下来把头埋在双膝之间，并把手臂置于你的头上。通过这种方式可以分散冲击过程中对脊柱产生的压力。最好的办法也许是不太可行的，而且不是很友好的：如果一个胖子和你同时在电梯里，让他躺下去，然后自己躺在他身上，胖的人则充当减震器的作用。在电梯按时安检的情况下，你碰到这种情况的可能性几乎为零。即使所有电缆都断了，还有各种安全机制能阻止电梯坠落。

## 59 恐龙灭绝于65万年前的小行星撞击地球

一颗大的小行星撞击地球对恐龙的灭绝起到影响的确是事实，但其影响不是瞬时的，而是结合了很多其他因素导致的共同结果。海啸、酸雨以及尘土飞扬数月甚至数年遮蔽了太阳，这一系列因素造成地球气候的显著变化。一些古生物学家认为，即使没有发生小行星碰撞，恐龙也会消失。这当然已无法证实。

## 60 恐龙可以被克隆

如果这是真的，人类应该早已经这么做了吧？这些像《侏罗纪公园》之类的电影中所谓的科学背景理论上听起来确实不错，但在实践中存在如恐龙般巨大的障碍。为了能够克隆首先得有DNA（遗传物质）。在影片中，DNA的提取来自咬过恐龙不久之后被树脂密封住的蚊子。从蚊子里提取恐龙的DNA是有一些问题的。首先，DNA受环境因素的影响几百万年后会被分解，数百万年过后剩下可以提取的DNA已经很少了。此外，将蚊子的DNA取出，并将恐龙的DNA从蚊子的DNA中分离是一项极端艰巨的任务。克服了一箩筐问题之后你会发现自己甚至还没有开始实际的培植过程。有不少书里写到如果你要克服困难；就得有克隆恐龙的决心和毅力。遗憾的是，我们能获取这些恐龙化石已经是很幸运的了。

# 61 男性司机比女性司机更出色

2012年初的一项研究显示正好相反。研究测试了2500名司机的停车水平及他们的停车方式。

结果显而易见：与男人相比，女性更容易找到停车位，停得更慢，她们更频繁地选择倒车，停放的位置也更好。

值得注意的是如果车上有女性同伴的话，男性会乐于表现。他们不一定会把车停在停车场中停车最容易的位置，而是挤入一个很小的车位来显示自己的车技。


# 62 女性阅读地图的能力和男性一样强

一些研究表明，男人和女人在几乎所有的领域都有区别。所以说男人确实可以更好地阅读地图。另外，女性则能够更快地找到去往造访过一次的地方的路线。此外，女性还能够更高效地同时处理多项任务。

尽管如此，仍然有一些心理学家不认可这些研究结果，称其证据不足。他们认为男人和女人之间没有什么差异。这大概是因为恐惧，害怕女性会用这些研究支持妇女解放运动。但是，我们必须敢于接受男人和女人在许多方面不同的事实。

# 63 0.999…小于1

最后一个9后面的三个点至关重要。这表明小数点后面有无数个9。在这种情况下，我们虽然会感觉到不一样，但是0.999…完全等于1。你在0.999后面写一百万个9，这个数字仍旧不等于1，但写上三个点，就和1相同了。

持怀疑态度的人可以看看以下推算：

1/3 +1/3 +1/3总和为3/3，或1。

1/3等同于0.333…

所以，0.333+0.333+0.333…

等于0.999…

等于3/3等于1。

还是不相信？

设x=0.999…，然后10x=9.999…

进而得出：

9x=10x-x=9.999… -0.999…=9。

因此，适用于9x=9，因此x=1。

# 64 红色轿车
更容易被开罚单

1990年在美国进行了一项相关的研究。这项研究表明红色的车占了所有汽车总量的14%，而又是被开罚单的汽车的16%。这种差异在统计上不显著。同一项调查显示，你最好开一辆白色轿车：25%的车都是白色的，而只有19%的白色汽车被开过罚单。

# 65 女性比男性更健谈

根据这个传言，女性说的话有男性的三四倍之多。这迅速引发了各种幽默的段子：如果一群女性在交谈，男性根本插不进一个字，或女人凡事都要解释三遍，因为男人根本不听。2007年一项针对四百位男性和女性日常生活的研究表明，两者平均每天说大约16000个字，正好一致。

## 66 根据美国法律规定圆周率为3

作为一个坚信圣经的国家，美国的法律规定圆周率等于3。这是一种常见的误解。虽然这样的法律没有出现过，却有过这样的提议。一个来自印第安纳州的业余数学家希望来改变圆周率的定义，让计算更容易些。

在他的提议里有很多不同的圆周率值，从3.2到4。该提案最初被一致通过，但在参议院被否决。最终提议被推迟，直到最后这个提议彻底夭折。

## 67 一共有十二个星座

其实一共有13个星座，但占星家只考虑到其中的12个星座。蛇夫座（11月29日至12月17日）往往被人忽略。为什么我们只有12个星座？这是因为我们星座的发明者巴比伦人认为13这个数字过于麻烦，是一个素数，无法被整除。而12就容易得多，可以被2、3、4和6整除。如果你问占星家为什么不考虑第13个星座，你会听到各种各样的借口。但不管怎么说，他们就是错了。

## 68 生锈的金属会让人患上破伤风

你可能因为踩到一颗生锈的钉子患上破伤风，但不是因为生锈导致了破伤风，而是因为细菌感染患上破伤风（破伤风杆菌），这些细菌生活在马等草食动物的肠子里。破伤风杆菌不能在一个有氧的环境中生存，因此，踩到生锈的钉子而产生的小而深的伤口使人患上破伤风的风险是最大的。这类细菌会产生一种麻醉肌肉的毒素，当这种毒素麻痹呼吸肌时，就会有致命的危险。多亏接种疫苗计划，使得破伤风的患病几率微乎其微。

## 69　最快的解酒方式
### 是继续喝你前一夜喝剩的酒

　　即使这个方法有效，那么你也需要停止饮酒。
宿醉最终还是会出现。此外，宿醉如果被推迟，后
果可能更严重：实际上你让身体中毒时间更长了。宿
醉中出现的头痛和恶心是酒精导致的脱水后果。因而
最好的补救方法是补充水分。尤其建议饮用水和果汁。
咖啡可能使头痛加剧，因此，应当避免喝咖啡。另外，
摄入足够的盐分也有帮助，因为这将有助于保持水分。
剩下的就是等待，等你的身体用足够的时间分解酒精。酒精是由肝脏进行分解的，一杯酒
精需要一个半小时来分解。你自己是无法加速这个过程的。

---

## 70　将丙酮加入汽油，你可以用等量的汽油
### 行驶更多的里程

　　随着燃油价格的不断上涨，人人都尝试各种方法节省汽油。据说如果你将少量的丙酮
（或指甲油去除剂）添加到汽油中，可以用相同量的汽油多行驶百分之十五至百分之三十以
上的里程。

　　实际上，这不仅起不到作用，甚至还会使你的爱车受到损坏。丙酮是一种腐蚀性材料，
会损坏汽车的橡胶部件，对于燃油管路使用橡胶软管的车腐蚀尤其严重。

# 71 振动板让脂肪消失

除了路面建设以外，振动板主要被当作健身工具使用。人们可以站在振动板上面，通过振动改善血液循环，增加肌肉力量，增加骨质密度。

但是，振动板不会起到减轻体重的作用。无论你是否在振动板上面运动，其效果都是一样的。为了减去一公斤重量，你至少得振动7000分钟。

# 72 潜意识广告<br>影响我们的购买行为

以简短方式呈现潜意识信息会让我们不自觉地注意到，并将真正影响我们的（购买）行为。1957年的一项研究显示，在"买汽水"和"买爆米花"等信息以非常简短的形式在不知不觉中提供给顾客后，电影院汽水和爆米花的销量上涨超过一半。然而后来事实证明，研究者编造了他们的实验结果。

# 73 系安全带是危险的

总有一些乘客因为系了安全带而被困在燃烧的交通工具中无法逃生，最终丧命的故事。因此很多人认为不系安全带反而更安全，在交通工具着火或者沉入水中的情况下你可以快速逃生。但不能忽视的事实是，被烧死或者溺水而死的交通事故死亡率仅占所有交通事故死亡率的0.1%。研究表明，系安全带可以将你的生存机会提高40%至55%。如果您没有系上安全带，在汽车着火前可能就已经命丧黄泉了。

# 74 当鸟在货舱中飞动的时候
货车重量比鸟在货舱中静止的时候轻

这个传言认为鸟在飞动时，它们的身体重量不再由货舱底部承受。

这是无稽之谈，我们可以用实验对其进行测试。《流言终结者》团队将大量的鸽子放进一辆货车的货舱内并固定住。他们用完全校准的测量设备称了整个货车的重量。然后他们为鸽子松绑，再次称重。人们发现，两次重量没有任何差别。流言不攻自破！

---

# 75 如果你让车的轮胎转动
并急刹车，车就会着火

在赛车比赛中曾出现过汽车突然着火的情况。赛车手通过同时踩油门和刹车导致这一现象产生。

在普通的家庭用车中是不可能发生这种事情的。当你使轮胎快速旋转时，可能使橡胶从车轮上掉下来，但不会着火。即使轮胎在覆盖有汽油的表面旋转，并摩擦出火花，车胎也不会着火。其原因是车胎中的气体不具有易燃性。

# 76 烧伤最好在家里
用面粉来治疗

根据这个说法，如果你的手被烧伤了，应该立刻把手放入一袋普通面粉中，等待十分钟。这样伤口会愈合得更快，并且会留下最少的疤痕。烧伤后需要做的第一步就是尽快让烧伤部位冷却下来。面粉对此起不到作用，即使刚从冰箱里面拿出来的面粉也没用。相反，面粉会阻止热量散出，导致皮肤进一步受损。最佳方法是立即把你的手放在冷水下冲几分钟。

## 77 性爱是极好的减肥方式

一个小时的性爱可以让一个70公斤的人燃烧210卡路里的热量。但每个人都知道，很少有人能够持续做爱一个小时。即使我们乐观地认为可以持续半个小时，也只能消耗105卡路里。如果在电视机前坐上半个小时，一个人就已经消耗了35卡路里。一小时获得的成效是：70卡路里。与一个人每天摄入的大约3000卡路里相比，性爱无法带来显著的减肥效果。

## 78 脏车比干净的车消耗更少的汽油

这个传言的一个论点是：车身的污垢可以改善空气动力学，就像高尔夫球上的污点。

高尔夫球的凹坑的确可以确保空气粒子在碰到球时会发生湍流，因此风的阻力会减少，一个有凹坑的高尔夫球比一个崭新的高尔夫球射程远37%的距离。然而，这一点并不适用于脏车，空气粒子在此起到的作用正好相反。计算测试表明一辆脏车比一辆清洁的汽车多消耗燃料达10%。

## 79 你可以稳稳地站立在一辆疾速行驶的汽车顶部

詹姆斯·邦德是一个专家。但真正表演这个特技的替身演员是被牢牢固定在车顶上的。即使车窗被摇下来，使得你有可以抓住的东西，在行驶的汽车顶上固定住几乎也还是不可能的。就算在以相对低的速度，比如60公里/小时行驶的汽车上也不太可能站稳，更何况当汽车转弯或突然停止时，难度更大。汽车转弯时，你会被离心力抛出。如果驾驶员踩了刹车，你的身体将继续向前运动而浮在空中。

# 80 糖放进汽油罐会损坏发动机

这个理论认为，糖溶解在汽油里，并被转移到发动机内部，被热量融化成厚厚的一团，即焦糖。这些焦糖会粘在发动机的每一个角落和插槽里，于是发动机因无法转动而停止。糖冷却后变得坚硬，只能替换整个发动机缸体来解决这个问题。

这个理论从一开始就是错误的。糖完全不能溶解在汽油里面，也就不可能被焦糖化，并扩散进入发动机的其他部分。当然，这并不表示没有任何损害。喷油嘴会被堵塞，车子也就无法驾驶，这就导致需要更换燃料过滤器和燃料箱。顺便说一下，我们在未来很可能要在气缸里面放入糖。糖可以被转化成能量，在未来可作为生物燃料。

---

# 81 流沙是可以致命的

在很多好莱坞电影都有正面角色在千钧一发之际从流沙里面抓到固定物而自救的情景。但是这样是否属实？

流沙遵从液化的原则，来自地面的水分将沙粒浮起，使它们没有重量。

进入流沙的人，会下陷进去，但只会到一定的位置。这和阿基米德定律有关。一个人可以最多陷入流沙中部。然而，这并不意味着流沙并不危险。你若陷入其中，但没有外力帮助，你将无法脱身。因此陷入流沙还是具有危险性的，比如被太阳暴晒、体温降低、饥饿、死于干渴等。

# 82

### 您可以把上下颠倒的船当潜水艇使用

在《加勒比海盗：黑珍珠号的诅咒》里杰克船长和他的同伴利用倒着的船，通过船穴的气泡呼吸，得以靠近敌人。此外，在连环画里面也常见这样的情景。

问题是，就算船上下颠倒，船底下的空气也会将船向上推。像电影里的海盗那样要将船完全置于水下，需要凡人绝对无法拥有的力量。除非杰克船长和他的随从们有三头六臂，不然这种海盗行为是永远无法实现的。

# 83

### 经常吮吸铅笔的人会铅中毒

铅笔这个名词本身就带有一定的误导性。铅笔笔芯是由石墨做成的，而其外壳则是由黏土和木头制成。因此吮吸铅笔不可能导致铅中毒。

铅笔的前身，即铅销最好不要放进嘴里。铅销是将铅融化在一个锅里制作而成。"铅笔"一词也由此得名（铅笔在荷兰语中是potlood。在荷兰语中pot是锅的意思，lood即铅。铅笔一词potlood即锅和铅的合成词）。然而，铅销早已经不被人使用了。

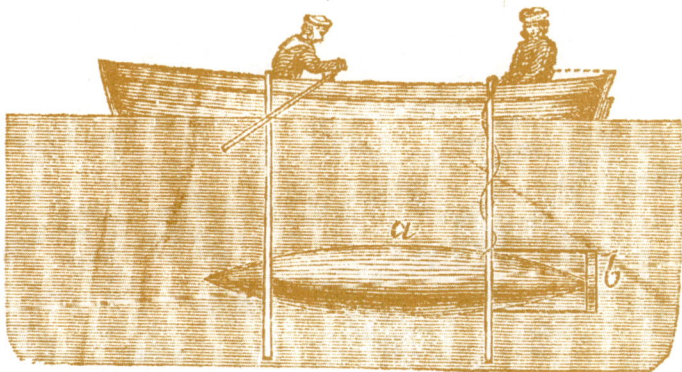

猫与谎言最大的差别是，
猫只有九条命。

—— 马克·吐温

• *Mark Twain* •

# 动物与植物

## 84 企鹅如果抬头的话它们会仰面摔倒

企鹅真的有点像幼儿：它们不能很好地行走，因此看上去相当可笑。即使是一个笨拙的孩子也不需要太长时间学会走路，而且很快就能走得很好。企鹅学游泳正如小孩学走路一样。在陆地上行走的企鹅绝对不可能赢得优雅风姿大奖。如果企鹅仰头向上看就会摔倒这个传言可能是由它们与幼儿的相似性引起的：当年幼的孩子们争先恐后抬头看飞过头顶的东西时，经常后仰摔倒。一个英国电视广告更加强化了企鹅这样的形象。广告上一架飞机低空飞过一群企鹅头顶，引起了企鹅们极大的兴趣，因而仰视天空，随后都纷纷仰面摔倒。在现实中，企鹅可以向上仰望，并安然站立。

## 85 鸵鸟在遇到危险的时候把头埋在沙里

这个动物世界的传言广为人知，甚至有一个以其命名的术语：鸵鸟政策。然而，稍有常识的人都可以揭穿这个神秘传言：一只把头部埋在沙子里的鸵鸟很容易成为猎物。和所有的动物一样，鸵鸟会通过逃走的方式来避免对抗，当危险来临时，它会以70公里/小时的速度逃开。那么，"把头埋在沙里"的故事从何而来？原来非常简单：从远距离看会给人一种鸵鸟把头埋在沙里的错觉，但事实上它只是在地上找食物吃。天气炎热的时候，这种效果会在蒙眬的地平线上被强化。此外，鸵鸟在感觉受到威胁时会头朝下平躺在地面上，使得有时候看上去它好像把头埋在了沙里。

# 86 海豚大量地涌向海滩自杀

与旅鼠（见谎言88）一样，关于海豚也有类似的自杀流言：他们大量涌向海滩，是为了死在那里。其实这些动物有可能是由于风暴或者人类活动而迷失了方向。

# 87 鲸鱼会发出噪音

虽然它们能产生声波，但是其频率很低，以至于人类不可能听见。许多光盘中的鲸鱼的声音基本上是在现实世界里面鲸鱼发出声音的加速版（否则人类是听不到的）。

# 88 旅鼠有意识地自杀，以防止过度拥挤

旅鼠成名于一个著名的迪斯尼纪录片中的场景：他们蜂拥入水中，然后溺水而亡。这部纪录片的场景其实是有意拍摄的：旅鼠不是在其自然栖息地被拍摄，而是被人从一个小悬崖驱赶入水。

虽然旅鼠没有自杀倾向，但是这个误解的存在是完全可以理解的。当旅鼠路经湖泊或河流时，他们会尝试游泳横渡。不幸的是它们并不具备人类一样的判断能力，以致他们的计划有时过于雄心勃勃。其结果就是，许多动物在它们试图克服障碍的过程中被淹死。因此，这看上去似乎是为了种族的利益而进行的牺牲行为，其实是灾难估计误差所致。

## 89 大象会到墓地去等待死亡

这个传言是被像《狮子王》这样的电影给强化的。

据传说，大象墓地是老象们在感到自己时日不多的时候在本能的指引下走向的地方。它们在那里孤独地等待死亡降临，远离象群。还有其他一些理论甚至告诉人们大象会将死去的同伴埋葬。

这些故事出现的原因有可能是有时大群的大象尸骨在同一地点被发现。这可能是由于自然灾害引起象群大批死亡的结果。另一种解释可能是因为年老的和衰弱的大象会去寻找水潭，因为在那里更容易获取食物。身体衰弱的大象们就在那个区域停留，并最终在水源附近死去。然而，没有证据表明大象有意识地到某一个地方去等待死亡。

## 90 金鱼的记忆不超过五秒钟

有的人喜欢对着一个不大的鱼缸自言自语，他们这么做的理由是这种小动物只有五秒钟的记忆（一些消息来源甚至声称只有两秒钟）。不同的研究证明，金鱼往往可以将刚学到的东西记住一个多月。科学家们通过给金鱼喂食物的时候伴随某种声音，达到让金鱼用吃东西的动作来响应这种声音的效果。然后，他们让金鱼在没有这种声响的情况下自由游动。一个月后，再次让金鱼听到那种声音，金鱼仍能"记起"那种声音。此外，金鱼还毫不费力地学会了走迷宫。这些明确的证据表明，金鱼的记忆范围大大超出了鱼缸直径。

## 91 如果金鱼侧躺着，则表示它死了

金鱼侧躺着并不一定表示它已经死了。不过，这种现象说明金鱼并不健康。使金鱼侧躺的原因是多种多样的，例如，鱼鳔问题、寄生虫、吞食错误的食物，还有诸多其他原因。因此，在把它扔进马桶冲走前建议先检查一下鱼是否还活着！

## 92 蓝鲸是声响最大的水中动物

这个纪录并没有列在鲸的名字下面，而是归属于划蝽。划蝽是一种生活在水下，体长仅仅为2～15毫米的昆虫。当其用阴茎去摩擦自己的腹部时，会发出高达99.2分贝的噪音。没有其他生活在水下的动物能出其右。

## 93 食人鱼是狼吞虎咽的食肉机器

它们的坏名声要归功于美国前总统西奥多·罗斯福（Theodore Roosevet）。在其造访巴西期间，罗斯福目睹食人鱼在几分钟内吞食了一头牛。罗斯福所不知道的是，这个场景是巴西人有意设计上演的。当地渔民特意围起了河流的一段，在几个星期内捕获了大量食人鱼，扔进这个河段。美国总统访问期间他们就将一头生病的牛推入水中，饥饿的鱼于是发起攻击。

在现实中，食人鱼的菜单上有凯门鳄、河海豚、鸬鹚和更大的鱼。食人鱼的集体行动是一种用来保护自己免受大型捕食动物攻击的方法，而不是来攻击大型动物的策略。

## 94 米粒对鸟而言是致命的

每个人都曾听说过这样的寓言：当一对新婚夫妇离开教堂或市政厅时，你不要扔米粒，因为这对鸟的健康不利。米粒会吸水膨胀，因此吃生米的鸟会死。

寓言故事的前一部分是正确的：你不能在教堂或者市政厅扔米粒。然而这跟鸟的健康无关，市政府只是不想街道上最美的建筑周围都是米粒罢了。当然，米粒吸水膨胀这个说法也对。但这只会在达到沸点温度后发生——至今还未有过鸟胃的温度达到沸点。谷物会显著吸水，经过长时间后被消化。辩驳这个寓言的最好证据就是：很多鸟类的自然饮食就是野生稻谷。

## 95 所有生命终有一死

很好的一个反例就是"灯塔水母"（turritopsis nutricula），一种似乎有长生不老秘诀的水母。水母的生命周期分为两个阶段：固着阶段，其形态为水螅；自由阶段，其形态为水母——后一阶段才是实际上的水母。通常情况下一般水母的先固着后自由的生长过程是不能复始的，但灯塔水母就不同了。

在不利环境条件下，水母会返回到最初的固着阶段来度过困难期。水螅可以通过形成生殖根进行无性繁殖，有点类似于草莓的繁殖过程。当环境条件变得有利时，水螅再次转换成水母。

水塔水母可以周而复始地生存下去，因此理论上说它们是长生不老的。

# 96

## 鸟妈妈遗弃被人类摸过的幼鸟

你不仅不可以摸幼鸟，也不能碰鸟蛋，因为如果它们的父母在幼鸟或鸟蛋上闻到人类的气味，会遗弃它们的。

这是个有关年幼哺乳动物的很好的建议。哺乳动物有很强的嗅觉，其父母会根据子女身上的气味来辨认自己的孩子。然后它们会毫不手软地遗弃掉一个闻起来都是人类味道的小动物。因此你的首要任务就是避免接触幼鸟！

然而鸟类的嗅觉能力是有限的，不能分辨太多气味。大多数鸟甚至注意不到自己鸟巢里放了一个陌生的小生命。例如，你可以想想杜鹃鸟，它会把自己的蛋放在其他鸟类的巢里，让其他鸟（养父母）来哺育自己的孩子。

当然也有些鸟会注意到自己的巢被搞得一团乱，因此你放置鸟巢和幼鸟时最好轻拿轻放。另外，很多被送进收容所的鸟其实并不需要帮助。尽管一些刚离开鸟巢的幼鸟不能很好地飞行，但它们仍可以从父母那儿得到食物。这些鸟只是表面上看起来无助，实际上并非如此。所以，只有在你确信一只坠巢的幼鸟难以自己生存时，你才可以把它拾起放回鸟巢或者送到收容所去。

# 97

## 蝙蝠可以飞到你的头发里

有谣言说蝙蝠可以停在人的长发中，紧紧地附在上面，最后只有剪掉头发才能摆脱。

见过蝙蝠在空中飞行的人会赞同蝙蝠是空中的杂技演员这个说法。它们是会利用回声定位空中飞行的昆虫。蝙蝠会发出超声波并用耳朵接受回声——有些种类的蝙蝠会通过鼻子的特殊副产物来接受声音，也就是所谓的马蹄鼻。此外，成千上万只蝙蝠可以共同生活在一个山洞中，而且当它们一次性全部飞出的时候，它们不会发生碰撞。由于蝙蝠很敏捷，因此想抓住蝙蝠的研究者必须做很多网，并将网上最小的缝隙缝上，可见蝙蝠是如此敏捷。对蝙蝠来说，躲避几个人类的头颅是件轻而易举的事。

总而言之，除非蝙蝠愿意，否则它们是不会停在你头上的。然而蝙蝠头上没有毛发，因此有人认为蝙蝠是想到人类这儿找慰藉。唯一有理由接近人类的蝙蝠是吸血蝙蝠。它们生活在南美，以吸食哺乳动物和大型鸟类的血为生，而喝人血只是例外情况。吸血蝙蝠接近睡着了的猎物时是不飞行的，只是爬行，因此它们不会飞到你的头发中去。

## 98 公牛一见到红布就会兴奋

公牛见到红布的确会激动，但它见到蓝色、黑色或者其他任何一种颜色的布都会兴奋。和其他许多动物一样，公牛是色盲。公牛不是对某种颜色有反应，而是对晃动的物体有反应。

## 99 白鸡下白蛋，褐色母鸡下褐蛋

鸡蛋壳的颜色取决于母鸡的品种，而不是其颜色。而颜色是两个鸡蛋之间唯一的区别。在所有其他方面这两种鸡蛋都是完全一致的。因此，褐色鸡蛋在口味、成分和营养价值方面和白色的蛋都没有区别。

## 100 舔蟾蜍会让你得到快感

不幸的是，一些嬉皮士试图通过这种方式得到快感，却不幸丧命。蟾蜍通过疣腺体分泌的物质实际上是出于自我保护，是它们为了不被吃掉而使用的毒素。春天你的猫可能满口泡沫地回到家中。在大多数情况下，你的猫一定是尝到了蟾蜍的味道，并且肯定不喜欢。有些动物，例如刺猬对这种毒素免疫，所以依旧喜欢吃蟾蜍。

不过，你可以通过一些蟾蜍的分离物得到快感，尽管我们在此并不提倡。拉丁语命名的科罗拉多河蟾蜍（Bufo alvarius）被称为蟾蜍世界的毒品供应商。为了享受蟾蜍腺体分泌物带来的致幻作用，你必须首先消除毒素。蟾蜍有一种防御性反应能把它们的黏液分离出来。这些黏液被收集起来并被烘干后可以去除毒素。这样的致幻物质确实有效果，使用者通过吸烟的方式吸入这些干燥黏液以获得快感。

# 101 鸭子的叫声没有回音
（而且没有人知道为什么）

　　这个谣言就这样莫名其妙开始在互联网上蔓延开来，一位受人尊敬的科学家终于决定花费宝贵的时间来就此进行一番研究。英国索尔福德大学的特雷弗·考克斯证实了任何理智的人一直都知道的事实：鸭子的呱呱叫声确实有回音。

　　他把一只鸭子放置在混响室并测试了它的叫声。最后证实鸭子的呱呱叫声有回音。反射音非常轻柔，难以和越来越轻的原始声音分辨开来。科学万岁！

# 102 如果你触摸了蟾蜍，你的皮肤上会长疣

　　我们邀请大家一起来揭开这个谎言的真相：我们一起来摸一摸蟾蜍，大家会看到皮肤根本不会长疣。疣是由人与人通过皮肤直接接触或通过潮湿的表面传播的病毒引起的。唯一因为蟾蜍长疣的可能是由一个长疣的人碰触蟾蜍，病毒停留在蟾蜍湿润的表面，然后你再触摸那只蟾蜍。蟾蜍确实有疣，但这些和人类的疣完全不同。蟾蜍背部和头部的疣里面含有分泌物质的腺体，分泌的有毒物质味道很难闻，还会造成刺激。所以触摸蟾蜍没有问题，但是要舔它的话就不好了（另见谎言100"舔蟾蜍会让你得到快感"）。

# 103 逃离熊的最佳方式是拼命奔跑

熊可能看起来笨重而且走路速度缓慢，但是事实上不是这样。它们的速度可以达到40公里/小时以上，在几个跳跃后突然出现在你的面前。相比之下，博尔特，这位在地球上奔跑速度最快的人，可以达到的最高速度约为36公里/小时。因此在熊面前逃跑是不可能完成的任务。

当熊穿过你行走的路径时，你应该怎么做？与熊相遇时，你应该始终牢记一点，那就是熊宁可对抗者从路上消失：它只会在别无选择的情况下才会发起进攻。摆在首位的是让熊先看到你，你可不想惊吓到这样一个强大的动物！你可以通过大声（不用喊叫）谈话来让他知道你的存在。如果你有同伴，则需要和他们紧挨着站在一起，这样你看起来才更大更强。

在大多数情况下，熊会主动离开。如果它没有这样做，你可以自己悄悄走开。逆风离开，这样熊仍然可以闻到你的气味。冷静地向后退着走，尽量让自己保持在熊的视线内，免得看上去像你想偷袭它。如果泰迪（著名的卡通熊形象）开始尾随你（主要是因为对你的好奇心），你只需要站在原地不动。

如果你采取了上述措施熊仍然发起了对你的攻击，你还有什么可以做的吗？逃跑仍然是最糟糕的选择：奔跑是捕食行为！勇敢的人可以尝试大声喊叫并摇摆手臂向熊靠近来吓唬它。如果你不想这样，最好是趴在地上，用你的手臂保护头部。可能的话，把你的背包扔到你和熊之间。幸运的话，背包会吸引它的注意力。如果包里有吃的东西，将很快引起熊的兴趣：这是让你离开的最佳机会。不过，对于一些人来说，逃跑依旧是最好的策略。在美国国家公园，工作人员给你以下建议："你不需要比熊跑得快，你只需要比你的朋友跑得快！"

# 104 如果你烹饪活的龙虾，龙虾会尖叫

众所周知，猪在被送往屠宰场时会尖叫。但是龙虾可不是这样，它会默默入锅。据说龙虾体内的空气在烹饪的时候会在其身体各部分流动。这将产生类似尖叫的吱吱的噪音。然而，这种现象似乎很少发生。所以龙虾活着入锅时不会尖叫。它们也不可能尖叫，因为它们没有声带！

# 105 在沙滩附近露出水面的背鳍是准备发起攻击的鲨鱼的

不是每个露出水面的背鳍都是鲨鱼的。如果出现丰满有弧形的背鳍，并且上下移动，那么它是一只海豚。鲨鱼的鳍则更加平直，从左至右移动。通常你可以从鲨鱼背鳍后面看到露出水面的垂直尾翼。

# 106 如果鲨鱼靠近你，你应该尽可能地用力打它鼻子

大多数海洋生物学家不建议你做任何可能刺激或者伤害鲨鱼的事情。你所冒的风险是激怒鲨鱼或引来其他位于附近的鲨鱼。如果你觉得受到威胁，可能的话，就用竿子或其他物件抵挡。尽可能避免用手，手很容易被鲨鱼锋利的牙齿弄伤。如果鲨鱼仍然攻击你，你可以用力击打它的鼻子，但把反击的注意力放在眼睛和鳃上会有更好的效果。

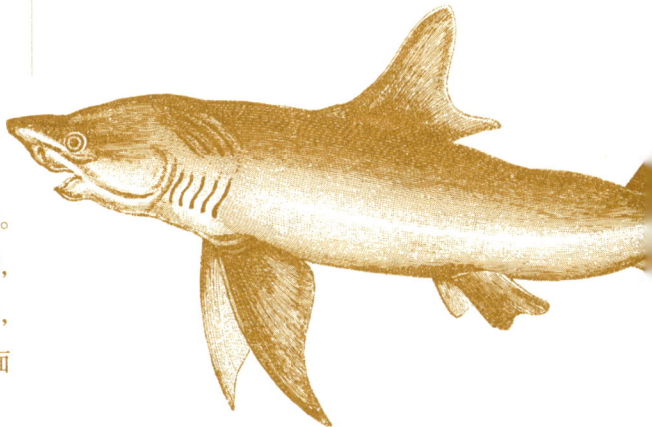

## 107 尿有助于缓解
由水母的刺造成的疼痛

如果你不幸被水母蜇了，那么把尿浇在伤口也没有用。这个谎言的真相因为著名的美国电视剧《老友记》而众人皆知。浇尿反而会使疼痛加重，因为这会刺激刺丝囊，并释放更多的毒液。

据专家介绍，你要将在皮肤上的残余触手仔细清除掉，然后用醋、小苏打、冰、盐或水，最好是用热水把刺处理掉，但当然不能用尿液处理。

## 108 蓝鲸是年龄最大的
活生物

在现实中，最大的活体是一种真菌。这种真菌并不罕见，它甚至可能长在你的花园里面。它就是生长在死去树桩上的奥氏蜜环菌（Armillaria ostoyae）。在美国俄勒冈州马卢尔国家森林公园里，人们发现了一个年龄在2000到8000年之间，占地890公顷的巨型真菌。真菌的绝大部分位于地面以下，以一种被称为菌丝体的根系统的形式存在。

## 109 蛇伴着耍蛇人的音乐而跳舞

蛇在一定程度上能够听到声音，只不过采用的是和人类不同的听觉方式。蛇不具有耳朵开孔，也没有耳膜。它们通过颚骨来感受振动（声音不过是空气中的振动），并通过内耳的耳柱骨将声音传达到大脑。

虽然蛇不聋，它们却以一种和我们非常不同的方式听到音乐。蛇对耍蛇人的音乐没有反应，却能回应笛子的运动。

# 110 如果你被蛇咬了，别人可以将蛇毒吸出来

这是一个在很长时间里都被认为可行的治疗方法。然而，最新证据表明这个方法弊大于利。你的嘴里含有大量的细菌，通过吸出毒素你会给伤口带来细菌，进而引起感染。除非你的嘴里有伤口，不然就没有什么好担心的，毒液只是注射进血液中的毒物。

许多急救包中都包含一个从伤口吸取毒液的装置。这些装置能够比你的嘴巴更好地吸取毒液。但测试显示，这些装置主要用来吸血液和其他体液。

当有人被毒蛇咬伤，最好的阻止毒液迅速进入血液的方法就是让被咬者保持平静，心跳加快只会导致毒素更快地在体内蔓延。请立刻寻求医疗帮助，并尝试辨别蛇的种类。让受害者平躺在地上，腿部抬高，并用毯子给被咬伤者盖上。在某些情况下，建议还是用止血带（或一根皮带）扎住，来减缓伤口附近的血流量并阻止毒素的继续扩散。然而也有已知的案例显示由于血流缓慢，有造成血压过低的危险。

# 111 瓢虫很可爱

瓢虫是许多人眼里最可爱的昆虫，但是这只是它给人的表面印象。相反，瓢虫才是真正的捕食者，它们经常从角落发起攻击。它们捕食虱子、毛毛虫、蝴蝶卵。当食物短缺时，它们甚至会捕食其他瓢虫。

# 112 瓢虫背上点的数量代表其年龄

这是一个谎言。瓢虫的寿命通常不超过一年。瓢虫背上的点的数量并不代表它们的年龄，而是不同种类的特征。

## 114 大象用鼻子饮水

大象确实用鼻子帮助其饮水，但它们并不像吸管一样使用它。喝水时，它首先通过鼻孔把水吸入鼻子，而并不直接通到喉咙。大象把水控制在鼻腔中，再把长鼻子伸进嘴里，用力一喷，就喝到水了。每天大象用这种方法饮用110到190升的水。它们不直接通过嘴喝水是合乎逻辑的：如果它们这样做，那么鼻子就成了阻碍！患有迟缓性麻痹综合征的大象有部分鼻子瘫痪，因而不能正确使用它来饮水。当鼻子瘫痪的大象想喝水时，它必须进入水里，直到水面和它的嘴一样高，以便它可以直接用嘴喝水。通过观察鼻子末端您可以将非洲象和亚洲象加以区分：亚洲象象鼻的顶端有一个"手指"，而非洲象则有两个。

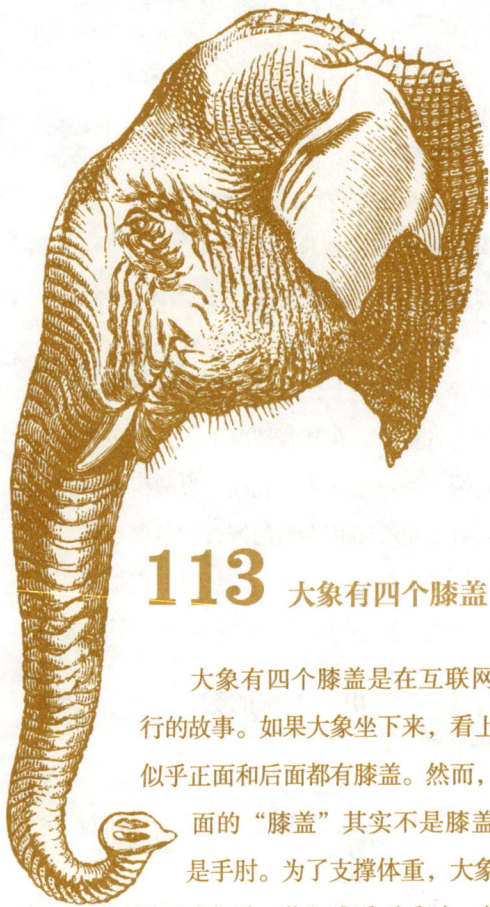

## 113 大象有四个膝盖

大象有四个膝盖是在互联网上流行的故事。如果大象坐下来，看上去他似乎正面和后面都有膝盖。然而，在前面的"膝盖"其实不是膝盖，而是手肘。为了支撑体重，大象的前肢非常粗壮，你很难看到手肘。当大象坐下时，它看上去似乎有膝盖。顺便说一下，没有哺乳动物有四个膝盖。

# 115 大象害怕老鼠

　　如果我们相信迪斯尼卡通《小飞象》描绘的场景，就会发现大象对于老鼠有一种近乎神圣的恐惧。然而，科学家们一直认为，并没有确凿的证据来证实这一理论。大象确实会对不熟悉的情景和声音感到害怕。老鼠的吱吱声可能就是其一，但哈巴狗的叫声也能起到一样的效果。很奇怪的是，比老鼠更小的动物都能够攻击大象。研究表明，厚皮动物会尽可能保持与蜜蜂和蚂蚁的距离。小虫子无法刺伤和咬伤皮肤粗糙的大象。但它们有一处皮肤薄而敏感的地方：鼻子内部。进入大象鼻子的蚂蚁或蜜蜂可以给大象带来不舒适感，因此大象会避开有蜜蜂或蚂蚁的树木。当一群大象一起活动时可以对周遭环境带来很大的损害，这种情况下可以用蚂蚁和蜜蜂来保护弱势植物。

# 116 大象是唯一不能跳跃的哺乳动物

　　大象不能跳跃，这是事实，但它们并不是唯一不能跳跃的哺乳动物。树懒也不能跳，这很符合它懒惰的生活方式。你当然可以问是不是因为树懒太懒惰而不愿意跳。不管怎样，没有人见到过树懒跳跃。只要没有人见到过树懒跳跃，我们就可以认为它们不能跳。犀牛和河马也不能大幅度跳跃。当然，这在很大程度上取决于"跳"的定义。犀牛在奔跑时可以四肢同时离开地面，我们也可以将其视为跳跃。

# 117 一些大城市的下水道生活着鳄鱼

长期以来，人们一直在流传，包括纽约在内的一些大城市的下水道系统里面有鳄鱼。那些是来自佛罗里达州的小鳄鱼，在它们的体积大到家里已经无法容下时，就被倾倒到下水道系统里。

和许多故事一样，有无数的目击者亲眼见到过这些鳄鱼。然而，所有这些证人没有一个可以拿出任何影像材料。在一个甚至学童们都会拿着数码相机或智能手机到处寻找证据的时代，这似乎不太可能。

# 118 犀牛角是象牙

人们常常这么说，但这是错误的。犀牛角完全是由角蛋白组成，这也是组成我们头发和指甲的成分。所以它不是象牙。象牙实际上是牙本质，这和你的牙齿生长过程是一样的。其主要来自例如大象、海象和河马的长牙。犀牛角在黑市上被追捧主要是因为一些人认为其有医药用途。

# 119 长颈鹿有长脖子以便够到树上的叶子

这个假说最初是由查尔斯·达尔文（Charles Darwin）提出的，长期以来被人们广泛接受。长颈鹿可以用它们的长脖子不受干扰地吃到其他动物无法触及的树叶。最近的研究却给这个假说带来了震撼。科学家指出，长颈鹿觅食的最佳高度比其脖子的长度要低。换句话说，长颈鹿常常需要微微弯腰来吃到食物。对于过长脖子的另一种解释是其作用是用来对抗。雄性长颈鹿争夺雌性时会用它们的脖子攻击对方。更长、更强的脖子有明显的优势。这个理论并不能解释为什么雌性长颈鹿也有长长的脖子，因为它们不需要使用其来对抗。不排除有以下答案藏在其中：最初长长的脖子是用来觅食，后来又被用于搏斗，因此脖子进一步拉长。这个理论可以解释为什么雄性比雌性同龄长颈鹿有更长、更强的脖子。

# 120 斑马是白底黑条纹

斑马看起来是白底黑条纹，但实际上它是黑底白条纹，就像一条斑马线。斑马的皮毛下有黝黑的皮肤，黑色也是其毛发色。白色的条纹是缺少色素沉着的地方。关于条纹图案的用途有几种假说。支持率最高的假说认为条纹的作用是用于伪装。因为斑马最主要的捕食者——狮子是色盲，它们很难辨别出斑马和其四周草丛的区别。此外，条纹图案可以确保敌人在远处难以看清楚斑马群里面的每一只斑马。另一种假说认为，斑马的条纹可以迷惑吸血苍蝇，或是在非洲的太阳下为斑马的身体提供了一种制冷机制。

# 121 骆驼有贮水的驼峰

骆驼的驼峰中储存的是脂肪，而不是水分。就是这些脂肪，使它们可以很长时间不进食。很难确定骆驼究竟可以多久不进食。当骆驼没有摄入食物时，它会燃烧自己驼峰里的脂肪来获取能量。曾经有骆驼以这种方式失去自身体重的40%。骆驼在燃烧脂肪的时候甚至会消耗水分。

您一定想知道骆驼为何能够在沙漠中生存得如此之好吧。这么说吧，骆驼的确会存储水分。然而，这种存储在它们的体内无处不在，尤其是在它们的体液中，这样它们才能具备高度耐脱水性。此外，骆驼的血红细胞呈椭圆形，与其他动物的圆形细胞不同，这种蛋白质具有很强的保水功能，在骆驼极度失水的状况下，这种血红细胞仍能维持血液中的水分，保证血液循环的正常运转。骆驼可以7天不饮水。当它们终于找到水源时，会好好痛饮一番：一次喝上150加仑的水！

# 122 豹是一个黑色的独立物种

这个谎言存在两个错误：豹并不总是黑色的，它也不是一个物种。"豹"这个词可以指金钱豹，美洲豹和美洲狮有时也都被称为豹，不论它们是不是黑色的。从技术上讲，该术语是指"豹属（Panthera）"的所有猫科动物：狮、虎、金钱豹和美洲豹。人们通常所说的"黑豹"应该是金钱豹：金钱豹的拉丁学名是Panthera pardus，pardus是拉丁语"豹"的意思。可见拉丁语中的金钱豹一词用了两次"豹"。

黑豹可能是金钱豹，也可能是美洲豹。当你近处观察一只黑豹时，你会看到它仍然有斑点。黑色斑点几乎难以看到，因为其身体其他部位也是黑色的——就像是用黑色墨水在黑纸上书写一样。也有很多关于黑色美洲狮的传说，虽然从来没有人拍到或录到其影像。

# 123 狮子和老虎攻击猎物时会咆哮

所有的猫科动物里面，只有四种类型可以吼叫：狮子、老虎、金钱豹和美洲豹。这四种类型是豹属，它们能发出吼叫是因为它们的舌骨由两部分组成。其他猫科动物的舌骨则只由一部分组成。尽管从技术上而言，一些专家认为老虎并不是真的吼叫，因为其声音产生方式和其他大型猫科动物不同，但是它们依

旧被视为会吼叫的猫科动物。然而，狮子突袭猎物时，是不会吼叫的。猎食者要取得自己的优势，就要让自己尽可能长时间不被猎物发现，这样猎物逃跑的时间才会更短。而响亮的怒吼实在不符合这个策略。咆哮的主要用途是宣誓其领地。狮子的吼声能让人在最远8公里之外听到，也让同类知道它们最好远离这片区域。另外，老虎和金钱豹也用吼声作为远距离的通信方式。在与同类的争斗中也可能使用吼叫。这些"大猫"发出的声音其实不是真正的吼叫声。这是响亮的咆哮，是用来威慑对手的。

# 124 如果你对猫毛过敏，可以养一只无毛猫

如果你对猫毛过敏，但又很想有猫的陪伴，那么可以养无毛猫。这个理论就是这样。在实践中，情况就不同了。对猫过敏的反应不仅来自猫毛，也来自猫的皮屑。而一只无毛猫也会掉下皮屑。过敏性爱猫人士因而只剩下两个选择：远离猫或学会与过敏共处。

# 125 猫在黑暗中视力很好

对此我们可以简单地说：在绝对黑暗中猫什么都看不见！然而猫在黑暗中比人视力好。

你需要有光才能看见。猫，像其他大多数哺乳动物一样，它们的眼睛拥有"照膜"（Tapetum lucidum）的薄层，这个薄层可以反射光线，增强动物的夜视能力。人类则是适合白天的物种，不具有这个反射层，因而我们需要更多的光线才能够看见。由于照膜反射光线，因此当你用手电筒照射猫与其他夜行动物时，它们的眼睛会发亮。

# 126 牛奶对你的猫有益

猫很喜欢牛奶，并且会愉快地喝完主人给它倒的牛奶。但牛奶含有猫无法消化的乳糖。喝牛奶可引起猫严重腹泻，所以最好还是给你的猫喝水。

# 127 猫有九条命

猫的确只有一条生命，但有时候看上去不止一条。猫的生命力相当顽强，就算经历可怕的事故也往往能幸存下来。这与它们的身体结构有关。猫的小型身体构造让撞击对它们影响很小。

此外，猫有发达的平衡系统和相当完善的机体保护机制，总是能够在下落时四肢着地。它们双腿弯曲的关节起到减震器的作用，猫脚趾上厚实的脂肪质肉垫，能大大减轻地面对猫体反冲的震动。

猫的生命数量因不同国家而异。在德国、意大利、希腊和一些西班牙语国家，据说猫有七条命。而在土耳其和阿拉伯世界的某些国家则认为猫有六条命。

# 128 狗做爱是背后插入式

狗做爱确实是背后插入式，只有公狗爬到母狗的背上时才会勃起。狗之间的性爱与人类的不同。公狗在把阴茎放入母狗体内后才会勃起。狗交配时，公狗会爬跨到母狗的背部，公狗的阴茎内有阴茎骨，会被母狗阴道的隆起处卡住、锁紧，以至阴茎无法脱出。这时，公狗转身滑下，背向母狗，并保持其阴茎仍在母狗体内。在这个时候公狗才会射精。同性狗之间也会出现与交配无关的爬跨，其实这只是一种征服性的动作，也是狗喜欢骑人大腿的原因。

## 129 狗龄1年相当于人类的7年

经常听人说狗龄或猫龄1年等于人类的7年，但这完全是错误的。首先，狗龄和猫龄是不一样的。猫的平均寿命比狗要长。小型犬比体型大的狗较早成熟，平均寿命也更长。所以可以归结为猫和狗以不同的速率变老；大型犬和小型犬也有不同的衰老模式。一般动物界的规则是，体型较小的动物通常寿命更短，当然，总是会有例外情况。

## 130 比特犬咬东西后就无法再张开嘴

原因是在咬东西时比特犬颞下颌关节会关闭。比特犬的下巴其实和黄金猎犬的下巴没有什么不同。因此，不存在任何解剖学的原理来说明其颞下颌有关节。

事实是比特犬原本被饲养来搏斗。也就是说许多比特犬被有选择性地培养其攻击性和战斗素质。格斗犬的素质之一就是不松开对手。因此，它不是没法松开，而是不愿意松开。

## 131 吠犬不咬人

即使你相信这个说法，我们也不建议你通过实验来检验这个说法。狗吠叫的原因很多：也许是因为它想打斗，或者因为它感到孤单，但有时是因为它很生气。而在这种情况下，则是一个真实的警告："如果你不停止你正在做的，我就会咬你。"随时注意观察狗的肢体语言，通过它的姿势可以判断出其当前的状态。如果你不能确定能否走近或者触摸狗，请远离它或请求其主人的同意。

# 132 狗的唾液有助于伤口愈合

自古希腊时期起，人们就习惯让狗舔舐伤口以达到更快治愈的目的。甚至有发表在科学杂志上的论述将愈合伤口归功于狗的唾液。相对于每一例治愈的实例，都有一例被感染的反例。

首先是好消息：狗和其他动物的唾液内确实含有可以杀死某些细菌的物质。

另外唾液中还含有很多可引起感染的细菌。所以可以说狗嘴不一定比人类的嘴含有更多或更少的细菌，而在于含有其他种类的细菌。

这种细菌可能有治疗效果，也可能让你生病，别忘记狗可以舔到你无法舔到，或者不愿意舔的地方。

# 133 圣伯纳犬的脖子上带着威士忌小酒桶在山上巡逻

传统形象里面圣伯纳犬挂着的小酒桶，大家都相信那是用来装威士忌，带去给遇险者暖身的。但圣伯纳犬从来没有带过威士忌酒桶。而酒精看似可以暖身，实际上反而会使人感觉更冷。酒精的作用之一是引起毛细血管扩张，让身体的大量热量释放（参见谎言378"在寒冷的气候里酒精会给你带来温暖"）。这个形象不只是编造的，甚至是危险的。

居住在旅客云集的圣伯纳德山口（狗名字的来源）的著名僧人告诉我们，他们的救援狗从来没有带着小桶，但一些狗确实带着小瓶来取悦游客。

## 134 狗通过唾液排汗

狗还通过鼻子和脚垫散热。它们身体的其余部分也有汗腺，但这些并不产生汗液。这些腺体的作用仍不为人所知晓。它们可能产生每条狗独特的气味，这样狗狗们在一起的时候可以识别各自的气味。

狗不会通过舌头出汗，但是通过舌头可以达到和人类出汗一样的目的：散热。舌头含有大量的血管，通过把舌头暴露在口外，通过舌头的血流就会得到冷却。加速呼吸——一条狗在炎热环境下一分钟可以呼吸三百到四百次——还提供了空气流，可以使得在狗头部的血管也得到冷却。

## 135 狗鼻干就是生病了

狗鼻干有多种原因。例如，你的狗在阳光下或靠近热源的位置躺过。另外，房间里空气流通不畅也可引起狗鼻干，你可能自己也遇到过同样的问题。在一天中，狗鼻子的状态会多次从干到湿。相比狗鼻子的湿度，无精打采或缺乏食欲等可以告诉你更多关于狗身体状态的信息。若干燥鼻子周围的皮肤脱落或发红，需要引起注意，这可能说明有晒伤或其他皮肤问题。

还有，在狗鼻子分泌物浑浊的时候，你最好带狗去看看医生。

# 136

## 你应该总是从左边上马

每一个骑术学校都会教你从左边上马。但是如果你尝试从右边上马会怎么样呢？

首先，从左侧上马不过是一个历史沿袭下来的传统。骑士们总是在他们的左边佩剑，这样可以快速用右手拔剑。因而从左侧上马比较方便，不然上马就会被剑绊住。虽然如今人们不再佩剑，但这一传统仍一直延续到现在。

然而，这样的传统依然具有一定的实用性。马是天性容易在不熟悉的环境里感到紧张和被惊吓的动物。总是习惯被人从左边骑上的马，当有人试图从右侧突然上马时，会被惊吓到。为了避免这种情况，每个人都被教会从左边上马。正如没有人知道一匹特定的马习惯于人们从哪边上马，因此不存在你选择了错误一侧的风险。你确实最好从左边上马，但是这也可以同样适用于右边。最终左边成为传统，是因为绝大多数人是右撇子，因而在左边佩剑。

# 137 如果你能看到马的肋骨，那么这匹马就太瘦了

这是一个谎言。真相反而是，如果是荷兰或比利时的马（或所有其他富裕国家的马），这往往是过于肥胖的表现。而且正因为我们对这样的马已经习惯了，以至于我们看到它们时觉得很正常。而且，如果你能看到一种动物的肋骨，就会觉得它太瘦了。理想情况下，马的肋骨是微微能够看到和容易感觉到的。肌肉需要显露出来，而不能隐藏在一层脂肪里面。马的鬃毛应平整、不结块，没有肿块。此外，在肩部和尾部也不应该有肿块。不只是我们的马有点太肥，很多狗、猫和其他宠物最好都该减减肥。

# 138 马夜里应该站在马圈里面

马和人不一样，无昼夜节律。马累了就会睡，饿的时候就会进食，无论是白天还是晚上。对于很多马来说，长时间静止站立也会带来问题。

野生马一般每天奔跑30公里，长时间静止站立在马厩对马来说是很不自然的。而且马是群居动物，关在独立的马圈里面限制了其社交的能力。

理想的情况是一个开放的庇护棚，其中的马可以在它们愿意的时候进来暂避。许多马主建了庇护棚，发现他们的马匹主要在炎热的天气里使用庇护棚来躲避阳光，而在雨中，或者寒冷的天气里，马更愿意站在室外的草地上。有了开放的马圈，马可以自己选择什么时候使用它。毕竟马了解自己的需求。

# 139

## 如果你不给一匹满身是汗的马盖上毯子，马就会生病

马进化到今天变成出汗的动物，这是一个自然冷却的方式。很显然，马会出汗但不会着凉。反驳这个观点的理由是人们也会出汗，而我们有时候出汗后却容易着凉。其中本质区别在于，马有皮毛，而人类已经失去了皮毛。人们已经学会了利用其他方式保暖：取火和穿衣服就是这样的例子。

但马是怎样做到出汗降温，而不因此着凉的呢？马的秘密武器就是它的鬃毛。当马热得出汗时，它的皮肤和鬃毛都是湿的。汗水蒸发带走了马身体的热量。这是因为出汗时马从皮肤表层直到鬃毛外侧都是湿的。当马体温冷却下来后，就会停止出汗。留在皮肤上的汗水被鬃毛吸收，并不再产生新的汗水，因而皮肤变得干燥。留在鬃毛中的汗水，会被蒸发，但不会吸收皮肤上的热量。这样就不会让马着凉。

# 140 老鼠爱吃奶酪

任何曾经试图用奶酪引诱老鼠的人都会注意到：捕获率也不是特别高。原因是奶酪的味道太重和气味太浓。老鼠更喜欢甜食。老鼠唯一不可抗拒的"奶酪"是花生酱。试试吧，混合花生酱和麦片或燕麦片，保证成功！

# 141 鼹鼠是瞎的

很多人认为，鼹鼠是瞎的，但它们是有视力的。鼹鼠的视觉系统的确不发达，视野为直径一毫米。它的视力仅限于区分明暗。然而，对于这种基本上生活在地下的动物来说，视觉不是最重要的感官。对于鼹鼠，触觉要重要得多。它们通过晶须以及它们的鼻子和尾巴的触觉神经来寻找食物，这一点尤其适用于蚯蚓和昆虫幼虫。

# 142 千足虫有千足

让我们先来弄清楚，"千足虫"这个名字的由来，是因为它有非常多的腿。千足虫有许多不同的类型，但是没有一种的脚接近一千只，一般数量在20到382只脚之间。令人吃惊的是，足的对数（2的倍数）总是奇数：千足虫可以有15或17对足（30或34只），但从来没有16对（32只）的。但也出现过例外的情况。1999年，人们发现了迄今为止唯一的一只千足虫，它有偶数对足（48只）。千足虫的最高纪录为750只脚，但大多数足的数量在80到400之间。

## 143 蠼螋爬行在你的耳朵里

蠼螋通过耳膜在人脑中产卵的故事被广泛流传。首先蠼螋不是蠕虫，而是有翅昆虫。它们也不会爬进你的耳朵。也有极少数情况下蠼螋进入人耳，但这个小动物搜寻的肯定不是人的耳朵。比起蠼螋，在你的生活中会有更多苍蝇或蚊子在你耳边。蠼螋在其他方面对人类完全无害。它们不会在你的耳朵里面产生危害，在你的耳朵外面你也不需要怕它们。它们最多可以用它们的爪子挠你，但你几乎感觉不到它。

蠼螋这个名字大概是指蠼螋翅膀的形状。蠼螋往往将自己的羽翼折在它们的胸部下方，很少展开。

## 144 被蜻蜓刺是很痛苦的

这完全不是真实的：蜻蜓不会刺人。

## 145 切断蚯蚓后你会得到两个活虫

很多人相信，当你把蚯蚓切成对半后，你可以得到两个活的蠕虫。有些人甚至认为如果你将其切成4段或8段，你会得到相同数量的蠕虫。

当蚯蚓被切成2段后，前面的半段会存活下来，甚至将长出一个新的后端。但是后端没有再生能力，就会死亡。如果你切的位置过于接近前端，则两个部分都无法存活。

有些扁虫确实能够把切断的两半都长回来。你怎么能判断哪些是蚯蚓，哪些是扁形虫？这种差异很容易看出。你可以从动物的名称推断该蠕虫的归属。扁虫是几乎所有的品种都有扁平身体的虫类。蚯蚓是环蠕虫的一种。这些蠕虫有一个圆形的身体，即环状。

## 146 光会吸引飞蛾

光不会吸引飞蛾，反而会使它们迷失方向。其原因在于蛾利用天然的光线来导航。昆虫利用太阳或月亮的位置来区分物体的上下位置，以确定它们向哪个方向飞行，以及如何在一条直线上飞。当人们使用自己的人造"太阳"和"月亮"时，就混淆了它们的方向感。

沿着人造光源飞行的飞蛾，会觉得自己曲线飞行，因为光源的位置会突然变化。为了解决这个问题，飞蛾尝试着将其路线拉直。又因为它们和光源是如此的接近，飞蛾们会一次又一次地认为它们飞歪了，要纠正自己的曲线路径。结果却是，它们围绕着光源旋转。下一次你看到飞蛾绕着一盏灯转圈子，帮它们一把，把灯灭了。

## 147 飞蛾会吃你的衣服

多洛斯（Dorus）在他的名曲《两只飞蛾（twee motten）》里面唱道："它们停在我的衣领上/吃了满肚子/把我的整件外套弄破/因为飞蛾会向生活抗争。"不，这不是真的：飞蛾不会吃衣服，它们的幼虫会。

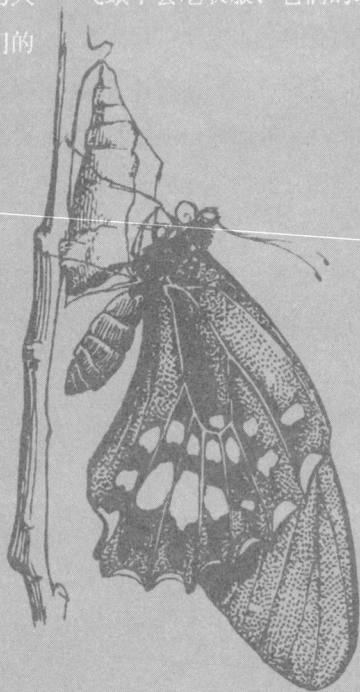

## 148 如果你踩死蟑螂，然后将其上百个卵放出，就会有数百个新的蟑螂

人们常常说，你不应该踩死蟑螂。如果踩死的是雌性带卵蟑螂，它的卵会粘在你的鞋子上，你反而会帮助蟑螂传播。我们的建议是：放心地踩死蟑螂。雌性蟑螂的卵在它们的肚子上。蟑螂卵幸存在你鞋子上的概率非常小。而如果你让蟑螂逃走，很有可能它就能够把卵孵出来。你可以检查一下蟑螂肚子之间是否有褐色的卵。如果你能够找到，最保险的办法是将其烧掉。蟑螂很少单独活动。如果你已经在家里看到一只蟑螂，那么好好检查一下潮湿和黑暗的地方，看看有没有更多的蟑螂和蟑螂卵。

---

## 149 蟑螂可以在核战争后幸存下来

许多人认为蟑螂是坚不可摧的。这主要是因为它们非常难以杀死，并随身携带许多病菌，而自身没有受到疾病的危害。然而蟑螂可以在核战争后幸存下来，则是一个谎言。

在一项研究中，科学家让昆虫暴露于不同浓度的辐射中。结果表明，蟑螂肯定不是抗辐射能力最强的：一个人在1000雷得的辐射下会死去，一只蟑螂则是20000雷得，果蝇可以承受64000雷得的辐射，寄生蜂能抗180000雷得的辐射。但是，它们和耐辐射球菌（Deinococcus radiodurans）比都不算什么。这种类型的细菌可以承受50万雷得的辐射！因此，在核灾难或核战争后蟑螂比人的生存概率要大，然而，它们肯定也不是可以幸存的例外。

## 150 黑寡妇蜘蛛是地球上毒性最强的动物

虽然说你如果被这种蜘蛛咬了一口会很痛苦，并且可以是致命的，但黑寡妇肯定并不像一些报道宣传的一样危险。最后2000个被其咬伤的记录里面显示没有一例是致命的。那么，世界上最毒的动物是什么？这场冠军争夺赛看起来像毒镖蛙（Phyllobates terribilis）和海黄蜂（Chironex fleckeri）之间的一场平局较量。两者之间主要的区别是毒镖蛙的毒只是用来保护自己，而海黄蜂的毒则是用于捕猎。被海黄蜂刺后人会在三分钟内死亡；另外，有狗接触了毒镖蛙爬过的手帕后会立即死亡。因此，这两种动物都比黑寡妇毒性大，应谨慎对待。

## 151 蜘蛛从不沾水

如果你在浴缸里面发现大蜘蛛爬过后，冲几加仑的水，那么它显然不会从中受益。然而蜘蛛，像所有的生物一样，需要水才能生存。甚至存在一种生活在水中的蜘蛛：水蜘蛛可以采用潜水钟的形式24小时待在水中。它们在水草之间编织钟状网，并将网内填满空气泡。这些空气泡是它们从水面带到水底的，附着在其腹部的毛发之间。正因此，潜水钟里面氧气的量足以支撑水蜘蛛在水下停留20至40分钟，这种气泡蛛网功能相当于鱼的腮部，也就是说，其可以从水中提取氧气，并向外排出二氧化碳。还有其他的蜘蛛物种，比如捕鱼蛛（oeverspin）可以在水下捕食猎物，甚至可以在水上行走，但水蜘蛛是唯一能在水下织网的物种。

# 152 如果你在某处发现一只蜘蛛，就一定能够发现第二只

大多数蜘蛛不群居，也不成对出现。如果你在某处发现了一只蜘蛛，那里不一定有第二只。但是，如果你知道在卫生条件一般的房子里面生活着1500只蜘蛛的话，就很容易找到其他的蜘蛛。秋季是高潮期：成年雄性蜘蛛会去寻找雌性进行交配。

# 153 有些蜘蛛会在你的皮肤上产卵

对蜘蛛的恐惧是普遍存在的，在谎言世界中也是如此。据传闻有人在沙滩睡着了，感觉有蜘蛛爬过脖子或下巴。此后不久，身上出现了一个红斑，这个人认为这是蜘蛛咬的。于是这个斑越来越大，并开始疼痛。之后某一天这个红斑突然裂开，里面有数以百计的蜘蛛幼虫和大量脓细胞。这可能是电影《小魔星》（*Arachnophobia*）续集里的一个场景。然而，没有任何已知的蜘蛛会在其他动物的皮肤上产卵。所以，你可以静静地在沙滩上睡觉，只要你涂上防晒霜。

# 154 我们平均每年吞下8只蜘蛛

有趣的是，这个故事像许多其他故事一样出现在互联网上，而人们对出现在互联网上的信息深信不疑。但是，蜘蛛想进入你的嘴的原因寥寥无几。人们睡觉时依然会呼吸，蜘蛛不会有入口的想法，反而会逃离。要想吞下蜘蛛，你睡觉时必须张着嘴，而且得有蜘蛛在你的身边跌入或爬进嘴里。如果仍有蜘蛛找到办法进入你的嘴，你很有可能会将其吐出。你在睡觉时吞下一只蜘蛛的可能性无异于奇迹的发生。但我们当然不能百分之百排除其发生的可能性。睡个好觉！

# 155　美军士兵在伊拉克发现巨型蜘蛛："巨骆驼蜘蛛"

巨骆驼蜘蛛的确存在。但是不要被它的名字欺骗，这个物种其实不是蜘蛛。虽然它们都属于蛛形纲（Arachnida），却属于下面的独立类别。蜘蛛属于蜘蛛目（Araneae），而巨骆驼蜘蛛则属于避日目（Solifugae）。巨骆驼蜘蛛主要生活在沙漠中，他们的名字也由此而来。它们通常有较大的下颚。

在海湾战争期间，驻扎在伊拉克的美军士兵传播了各种关于巨骆驼蜘蛛的故事。据说它行动非常快（40公里/小时），并会发出尖叫般的声响。而在现实中，他们很难达到15公里每小时的速度。所谓的尖叫声也不过是它们感到威胁时相互摩擦下颚产生的嘶嘶声。

当你遇到一个巨骆驼蜘蛛时，可能感觉它似乎在跟着你。事实上，这个小动物只是在尝试避开光线，而你的影子则是一种理想的庇护所。巨骆驼蜘蛛在其他方面并不危险，它不咬人，除非其感到威胁。另外，它们没有毒腺，被其咬后你最多会有些疼痛感。

# 156　如果蚂蚁是人，它们能够举起千斤重物

这是事实，蚂蚁能举起比它身体大数倍的物体，但你不能想当然地这样认为。这和体型以及解剖学有关。增长数倍的体型并不意味着增长相同质量的肌肉。

而且，有学者认为如果蚂蚁和人一样大，它将无法支撑其自身的重量。

# 157 大黄蜂是不可以飞起来的

在20世纪30年代，法国昆虫学家安托尼·玛格南（Antonie Magnan）在他的《昆虫的飞翔》（*Le vol des Insectes*）中写道，实际上从生物学的角度来说，大黄蜂是不可以飞起来的。此后，几位科学家根据空气动力学的原理支持了这一说法。

在过去的十年中，几个研究小组彻底研究了大黄蜂翅膀的空气动力学。他们准确的观察和计算表明，大黄蜂翅膀的运动模式为数字8。此外，大黄蜂有非常强大的飞行肌，与其翅膀8字形运动方式结合，能够提供产生充分向上的力量将大黄蜂的肥胖身体升起。如果按照物理定律大黄蜂是不可以飞起来的，他们只会简单地爬行。你不能超越自然法则，不管是飞行还是爬行。

# 158 虱子是有害健康的

这个无翅小昆虫的声誉最近才被玷污。在中世纪的时候虱子还和财富相关：想想荷兰语"富孩子（虱子孩子）"和"富裕生活（虱子生活）"就知道了。虱子不是有害的，只会让人发痒，不会给人造成伤害。顺便提一下，虱子也不会从一个人跳到另外一个人身上；事实上，虱子不能跳，也不会飞。

# 159 如果我的孩子长了虱子，床上用品和毛绒动物都要换掉

经常有人建议这样做，但根据国际健康组织的建议，这是完全不必要的。虱子只会藏在头发上。只有在头发直接接触他人的时候，虱子才会离开你的脑袋。因此，在任何情况下，虱子都不会离开你温暖的脑袋，放弃可以找到血液的地方，移居到毛毯或毛绒玩具上。没有血液，它们只能存活几个小时。

# 160 人类是猿猴的后代

这是对达尔文的一个误解。达尔文，或任何其他的进化生物学家，从来没有声称我们的祖先是类人猿。我们有一个共同的祖先，却和这个谎言中的完全不同。

如果我们回到过去，追溯我们的进化路径，不会在任何时候出现黑猩猩或狒狒或任何现有的物种。当然我们会经过一个进化节点，那个点存在于数百万年前。在那个点之后人类的进化和类人猿的进化开始分道扬镳。很可能我们的祖先似乎和现有猴种很像，但它们在许多方面还是不同的。在那个点我们可以回顾人类演变和猴子演变历史。在这点之前，猿或人并没有区别，后来进化线分割成两条，其中的一条引向类人猿，另一条则引向人类。当我们从这个点再回到更远古时代，我们还和鸟类重叠，再远一些年代，会和鱼类重叠，甚至会和植物重叠。我们可以沿着我们的进化路径，和任何其他物种，一起来到生命的起源。其结果是一种树形的进化表，现今的物种都在表的末端。但是，这个树形进化表在几百万年内将有非常不同的分枝。

# 161 只有人可以做梦

狗的主人应该更懂。麻省理工学院（MIT）的研究表明，即使动物也有复杂的梦，并能记住它梦中的经历。动物和人类一样在睡眠期间处理当天的活动。通过测定睡眠期间的大脑活动，研究人员甚至可以查看大鼠在自己的梦里何时静止，何时又开始跑动。

# 162 人类有最大的大脑

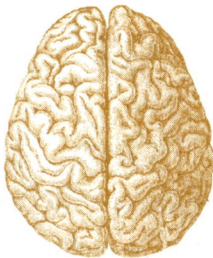

我们喜欢认为自己优于其他物种。鉴于我们的高智商，我们拥有最大的大脑，似乎是合乎逻辑的。我们可以快速丢掉这种错觉：人脑的重量约1.3千克，大象的大脑重量约5千克。

你会认为，就大脑和身体之间的大小比例来说，我们应该得到荣誉。毕竟我们特别聪明，但体型不是特别大。我们要再次令你失望。当我们研究在各种动物脑和身体重量之间的关系时，发现我们也不是排在第一名的。我们的得分和智力高的动物一样，如海豚，但与鼩和小鸟这类不属于最聪明的动物相比却相形见绌。人类甚至被蚂蚁、章鱼和跳蛛完全超越！

智力不仅和绝对或相对脑容量相关。脑细胞密度和它们相互之间的连接对智力的影响更大。此外，大脑的哪部分更加高度发达也是同样重要的。

---

# 163 动物不能眨眼

许多动物可以眨眼，但与人类不同，它们完全没有特别的意思。许多动物甚至可以比人类做得更好：它们有三个眼皮。

有些鸟类，两栖类、爬行类动物以及骆驼、北极熊有一个透明的瞬膜，可以水平移动。额外的眼睑使它们能够在清洁或防御风、水或雪的同时，仍然能够看见。你内眼角内粉红色的那块肉是第三眼睑的遗迹，我们的祖先曾经有过。

# 164 动物无头不能存活

很多人是这么认为的，但至少有两个著名的反例推翻了这个观点。第一个是蟑螂，其通过呼吸管获得身体需要的氧气。此外，其控制腿的重要神经中枢在头部后面。因此，一个无头的蟑螂仍然能够控制腿部，从而将不受干扰地——但无法协调——四处走动。最终蟑螂将死于饥饿和口渴，尽管可能需要相当长的几个星期的时间。

还有无头鸡迈克的故事。美国科罗拉多州的小公鸡是在1945年9月10日被剁头准备下锅的。斧头刚巧错过了颈动脉，且大脑的大部分完好无损，所以公鸡仍然活着，即使它的头没了。无头公鸡不仅无头，通过滴管给定量的水和食物能使其在两年内几乎增重了三公斤。尽管残疾，迈克却像一只真正的鸡：用它的脖子抚摸着他的羽毛，并可以啄食。

# 165 动物的性别在出生时就固定了

对于大部分动物，这是属实的。然而，一些动物能够在出生后改变自己的性别。有的由雌性变成雄性，反之亦然。尤其是鱼，性的变化曾被记录下来。比如，小丑鱼——著名的动画电影《寻找尼莫》的原型，出生时均为雄性。一些幸运的会变成雌性，然后跻身于小丑鱼社会构造的顶部。

# 166 恐龙是冷血动物

在20世纪上半叶，几乎没有人怀疑恐龙是冷血动物。当时人们认为恐龙是爬行动物，而所有的现代爬行动物都是冷血动物，因此恐龙也应该是冷血动物。后来人们清楚地发现恐龙和鸟类密切相关。你甚至可以说，鸟类是现代的恐龙。这一发现改变了人们关于恐龙冷血的看法。现在科学家们普遍同意大多数恐龙是温血动物。在被发现的生活在寒冷气候的恐龙化石中一些保存格外完好的化石显示的血管痕迹证明其是温血动物。

然而，有专家还在争论恐龙是否为温血动物，以及用何种机制来维持体温。

# 167 羊是第一种驯养动物

被驯化和温顺不是一样的概念。驯化繁殖动物，使它们变得更适应住在人类附近并服务于人类。

但羊不是第一个被人类驯化的动物。约14000年前俄罗斯蒙古猎人把驯鹿圈养起来。同时他们可能还训练狗来帮忙。驯鹿为猎人提供了他们需要的一切：肉类、鹿奶和皮毛。

以下是一些动物驯化的大致起始时间：

驯鹿：公元前12000年。

狗：公元前12000年。

羊：公元前8000年。

猪：公元前8000年。

牛：公元前6000年。

# 168 进化论遵从适者生存的原则

这是过去错误的解读，并被希特勒用来作为屠杀犹太人的借口。查尔斯·达尔文在他的书《物种起源》里面谈及适者生存。但在这里最适应当意思不是"最强"，后者完全是一个谬论，是严重的翻译错误。在英语中"to fit"最初是"适应的"或"去适应"的意思。达尔文也在他的书中解释了不是最强的生存下来，而是那些最适应环境的。在某些情况下，当然会是最强的生存下来，但并非总是如此。而有时，却是最快的，或最聪明的，甚至是最胆小的生存下来。

# 169 我们这个星球上大多数的动物和植物目前已知

事实是非常令人失望的。每年都有很多新的动物和植物被发现。据研究人员称，现在有8700000种动物和植物生活在我们的星球。

陆地上所有种类中更是高达86%的种类尚未被发现，生活在海洋中的未被发现物种比例甚至达到91%。但一切都是相对的：和细菌相比较，已知的动物和植物种类已经算很多了。科学家估计已知的细菌种类只占其总数的0.01%。不幸的是，因为栖息地的改变，每天都有物种消失。有些物种在我们认知之前已经灭绝了。

# 170 海葵是植物

海葵可能看起来像植物，但它们是动物。海葵目前的归类是刺胞动物门，该门还包括水母。海葵是食肉动物：它们利用自己动作迅速的触角捕食其他动物，如小型鱼类、甲壳类和浮游生物。海葵甚至可以行走和游泳。顺便说一下，珊瑚也是动物。

# 171 香蕉结在树上

虽然一些香蕉植物可以高达3.6米，但它们不是树。香蕉植物是世界上最大的草本植物，没有木质茎，只有假茎，其中包括层层叠叠的叶鞘。从专业角度讲，香蕉是一种浆果。

# 172 如果你和植物说话，它会长得更好

非常喜爱植物以至于和它说话的人，无疑会很好地照顾他的植物，他将定期浇水，时不时地给予营养物，如有必要，他会将植物移到有更多阳光的位置。这样，植物就会健康并生长良好，它的主人也会因此认为对其说话有帮助。然而，更为合理的解释是对植物的悉心呵护才让它生长得好，而不是友好的谈话。它们可以对物理和化学刺激做出反应，但它们对谈话并没有意识。

简言之，植物没有神经，因此没有感知。跟植物说话的人，满足的首先是自己的需求，而不是植物的。

# 173 植物将二氧化碳转化成氧气

虽然光合作用的反应公式左边为氧气，右边为二氧化碳，但氧气不是由二氧化碳形成的。光合作用由两个反应组成：光反应和暗反应。光反应主要依靠阳光，并将水转换为氧气，这个过程中释放出化学能量。此化学能在暗反应中用于形成葡萄糖，这一过程中二氧化碳被消耗。虽然植物吸收二氧化碳，产出氧气，它们却并不将二氧化碳转化成氧气。被释放的氧气来自水。再次证明了水是生命之源。

# 174 植物能感觉到疼痛

为了能够感到疼痛，你必须拥有较为复杂的大脑和神经系统，而植物并不具备（参见谎言172"如果你和植物说话，它会长得更好"）。植物对周边伤害性刺激会做出反应，但它没有将刺激转换为疼痛感的神经系统，而只是应激反应而已。

出于同样的原因，胎儿也无法体验痛苦。那时的大脑还没有充分发育。这也是为什么医生常不用麻醉而取出子宫里的胎儿的原因。麻醉只会带来额外的风险。

# 175 一品红是有毒的

圣诞花，或一品红（Euphorbia pulcherrima）属于大戟科。在这个家族有很多常见的带有毒汁液的物种。虽然你总是听说要将一品红放置到孩子不能接触的地方，而最近的老鼠研究证明一品红是没有或几乎没有毒性的。据研究如果一个体重25公斤的小孩摄入1斤的叶子，用相当剂量在老鼠身上试验，老鼠不会有任何症状。

# 176 荷兰拥有世界上数量最多的郁金香

首先郁金香最初并不来自荷兰。据记载它们的原产地是中亚某处，并在第12和13世纪生长于波斯。随后在16世纪郁金香通过土耳其进入欧洲。当1562年负载郁金香球茎的车抵达安特卫普时，欧洲郁金香数量才真正开始日渐增长。

虽然荷兰被视为郁金香国度，仅在斯卡吉特谷（位于美国华盛顿州）就有比整个荷兰更多的郁金香。

# 177 鲜切花和盆栽会吸走病房的氧气

虽然花卉和植物夜里会消耗氧气，但它们白天会释放十倍量氧气。这意味着它们的存在增加了氧气量，而不是减少。对于那些对这些善意的礼物夜里的耗氧量害怕的人来说大可不必：一斤植物叶子每小时消耗约0.1升氧气。一个休息的体重为75公斤的人同样时间消耗超过72升的氧气。简言之，夜里查房的护士消耗的氧气比整个鲜花游行的花还多。

以虚谎而得的食物，
人觉甘甜；但后来，
他的口必充满尘沙。

—— 圣经·箴言（20:17）

• De Bijbel, Spreuken •

# 饮　食

## 178 吃菠菜会使人强壮

自从卡通人物大力水手在荧幕上插科打诨后，全世界都知道了：吃菠菜让你变强壮。大力水手的创作者选择菠菜的原因是其含有大量的铁，而铁能让你变得强壮。围绕大力水手，菠菜和铁的整个故事却有几个谎言和误解。

首先是创作者选择菠菜的原因是其铁含量高是个误解。事实上是因为菠菜富含维生素A：维生素A除了其他方面的作用外，特别有助于免疫系统和视力。

此外，菠菜的含铁量没有人们长期认为的那么多。

一个19世纪的科学出版物显示每100克菠菜里面铁的含量少于40毫克。后来人们发现，当时科学家把逗号的位置放错了，实际上发现的含量应该是4毫克。那些喜欢摄入更多铁的人，可以多食荨麻（每100克含有41毫克铁）。

而且即使菠菜含有大量的铁，并且很容易被你的身体吸收，你也不会就这样变得强壮，你还得锻炼身体才行。

## 179 胡萝卜对眼有益

"当然是的，难道你见过戴眼镜的兔子？"这个笑话伴随着我们的整个童年。但它仅仅是玩笑，还是真的如此呢？胡萝卜里面有β-胡萝卜素，当我们吃胡萝卜时，我们的身体将β-胡萝卜素转化成维生素A，后者对眼睛有益。胡萝卜所含的β-胡萝卜素量非常少，你得吃上一座山的胡萝卜才能真正取得效果。此外，吃太多的胡萝卜也会有令人不悦的副作用：吃了太多的β-胡萝卜素，可以让你的眼睛变成橙色或黄色，也可能让你的皮肤变成橙色或黄色。但这些反应可能过了一段时间会消失。

## 180 吃火鸡让人犯困

虽然这个经常听到的谎言可能基于现实，但它仍然是一个谎言。火鸡含有色氨酸，是一种可以作为天然镇静剂的氨基酸。然而，色氨酸也存在于其他许多食物中，如鸡肉、牛肉、猪肉、奶酪和豆类。这些食物不仅含有大量的蛋白质，还可以起到色氨酸的作用，但我们通常每次进食摄入的色氨酸总量太少，远远不足以达到诱发睡眠的作用。人们在饱食后常感到困倦。那是因为身体需要消耗能量来消化所有摄入的脂肪和碳水化合物，于是流向你的大脑的血液就减少了。如果你还饮用了酒精饮料，情况就会变得更糟。

## 181 饮食失调的人要么很瘦，要么很胖

神经性贪食症（Bulimia Nervosa）的特征之一就是患者拥有正常的体重。

进食障碍不总是能从外表判断出来，通过体重也并不能判断出饮食失调的严重性。

# 182 酱油是大豆油

在欧洲或美国卖的酱油经常像是一瓶带有染料的糖浆。真正的酱油有一个相当缓慢的制作过程，而且在阳光下或冰箱外面比较难保存。人工制作的替代品则是可以迅速制作完成，也更容易保存。你要确保自己吃的是真正的酱油，那就最好去买来自中国或日本的酱油。

# 183 如果你感冒了，就不能喝牛奶

有传言说，奶制品会导致更多的黏痰产生。因此，在感冒时喝牛奶只会恶化病情。一些澳大利亚的科学家让勇敢的患感冒的志愿者喝牛奶。他们的研究发现，牛奶和其他奶制品对黏痰的产生没有影响。如果你进食奶制品或喝牛奶后生病，可能是因为你患有乳糖不耐症（你不能消化乳制品），而且你也不会因此感冒。

# 184 食物掉在地上后，如果5秒内被捡起来就还可以食用

这就是所谓的五秒钟规则。大部分读者意识到，这是无稽之谈，但你依然经常听人这么说。事实很简单：地上的细菌将会立即粘附在食物上。另外，吃进细菌也不一定是坏事。相反，它可以帮助我们增强免疫力。食物能否食用在很大程度上取决于食物掉在怎样的地面上。你可以自己来判断它是否仍然可以食用。

## 185 腹泻时最好不要吃纤维食物

事实与此相反。纤维可以吸收水分，有助于治疗腹泻。你需要确保你不要吃太多，且最好是能少量多次地食用。此外，你应该喝足够的水。腹泻使你的身体脱水，充分补充水分是很重要的，特别是对于儿童。

## 186 辣椒让你变瘦

辣椒让你的胃翻江倒海，还引起了不清新的口气，但没有证据表明其有助于减肥。辛辣食物加快你的新陈代谢确是事实，但其效果是非常轻微和短暂的，它不会对你的体重有影响。

有一些研究显示，辛辣的饮食可以帮助减慢体重的增加。较辛辣的饮食会抑制食欲，使你吃得少点。你不会因此变瘦，但你可能胖得慢一些。

## 187 睡前吃奶酪会做噩梦

没有任何一种食物是睡前不可以吃的，奶酪也不例外。睡前吃奶酪让你做噩梦的理论直到2005年才被证实不属实。如果奶酪对我们的睡眠会有效果，那只会是让我们睡得更好，但这也是一个谎言。

## 188 番茄酱源于美国

没有比汉堡加番茄酱更有美国特色的了。然而，番茄酱真的不属于美国特色。汉堡起源于美国，而番茄酱原本却来自中国。在17世纪90年代中国人发明了用腌制的鱼和草药制成的酱，被称为鱼露。该酱在整个世纪不同国家有不同的分类。最后是德国移民的后代亨利·约翰·亨氏，利用一个聪明的广告营销使其在美国流行起来。

# 189 吃的晚，更容易变胖

多项研究已经表明，吃饭时间和是否会增胖之间没有联系。重要的是你吃什么。如果你吃的是多油或多糖的食物，就会增加额外的重量。无论你晚上或白天吃，都没有区别。晚上大快朵颐肯定是不好的，但其弊端和时间无关。

# 190 超重导致过早患上疾病和死亡

我们一生中随处可以听到这样的劝告：千万别超重，如果你超重的话，则面临着患心血管疾病、糖尿病，甚至癌症的风险。但是，这未必是真实的。人也可以超重，但同时也是健康和强壮的。一切取决于新陈代谢。如果代谢良好，也没有高血压或胆固醇过高，那么超重不一定有问题。这是由43000人参与的综合研究得出的结论。半数超重的人的血液指标良好，顺利地通过了身体检验。虽然超重并不一定是不健康的，但它仍然会带来危险因素。

不管胖还是瘦，重要的是吃得好，并保持运动。

# 191

**早饭只吃一根香蕉 =
减肥一公斤！**

根据在日本非常流行的香蕉饮食法，早餐只吃一根香蕉是最好的减肥方法。一天中剩下的时间你可以随便吃你想吃的。可惜香蕉对代谢并没有这样的神奇影响。如果您在一天内摄入比你所需更多的食物，那么你就会长胖。此外，香蕉是卡路里最高的水果之一。香蕉当然可以作为早餐，但最好再加上三明治或其他水果。

# 192

**"法国薯条"的名字
来源于其制作方法**

不同的消息来源显示，该词的含义与法国无关。英语里面的"French"是源自英语动词"to french"，意思是"切成细条"。原来法国薯条是"切成条状的薯条"的意思，这个词逐渐变成了现在的"法国薯条"。

在文学作品中，"French fries"出现在"to french"之前，这表明该词与法国或法语无关。这个词源于第一次世界大战时驻扎在比利时的美国士兵第一次品尝当地的炸土豆，并把这种食品称作French fries：French指的是法语，fries是指薯条的制备方法。似乎没有人怀疑薯条起源于比利时。

# 193 吃大量甜食会导致糖尿病

吃很多甜食当然是不健康的，但你不会因此得糖尿病。但超重的人患2型糖尿病的风险确实较高。所以还是限制着吃甜食吧。

# 194 羊角面包来自法国

一提到羊角面包，大家都不由自主地想到法国，但是实际上羊角面包起源于维也纳。1689年欧洲处于奥斯曼帝国的威慑下，当土耳其人围攻维也纳时，他们遭到了顽强的抵抗，并被驱赶出城。为了庆祝胜利，一位烤面包师烤出了月牙形状的面包，象征土耳其。巴黎的面包师纷纷模仿维也纳面包，把它称为"croissant"。croissant字面意思是"成长"，指代土耳其国旗上的新月。

# 195 钉子溶于可乐

可乐据传也可以溶解牙齿，去除血迹。不同的人进行了尝试，结果却是令人安心的：什么也没有发生。我们也不需要担心自己的胃，胃酸的酸性比可乐更强。这并不意味着可乐是健康的。一升的可乐相当于40块方糖。

# 196 活猴脑<br>在亚洲被视为美食

在斯皮尔伯格的电影《夺宝奇兵之魔域奇兵》（*Indiana Jones and the Temple of Doom*）里面，我们看到吃猴脑的场景。而在电影《死亡面目》（*Faces of Death*）里面猴脑则被生吃掉。

的确，在亚洲一些地区人们吃猴脑。

虽然不容易弄清楚这个现象，可以肯定的是，吃生猴脑肯定不是常见的，很可能从来没有发生过。

# 197 绿色的M&M<br>含有春药

虽然绿色的M&M并不含有春药，但这个故事从20世纪70年代起就开始流传。

玛氏M&M的母公司也在其中扮演了角色。2008年1月该公司发布了只有绿色M&M豆的限量版袋装M&M豆，正好赶上当年的情人节。这使这个传言一直流传于世。

# 198

## 牛奶适合所有人

牛奶有一些很好的特点：它含有良性脂肪和骨骼生长所需的钙。不过，这只是故事的一面。也有研究认为，牛奶的饮用与动脉粥样硬化、心脏病发作，甚至癌症有关。

另外，你最好不要让你的猫和花园里的刺猬喝牛奶，它们可能会因此腹泻。

# 199

## 绿茶对所有人都是健康的

虽然绿茶中含有有益的抗氧化剂，但是你也可以在其他饮品中获得。茶并不像你想象的那样有利。患有高血压的人最好不要饮茶。此外，茶叶中含有的咖啡因会让血压升高。

咖啡因也可以引起失眠。如果你饮茶过量，可能导致胃和肠道出现问题，而且由于绿茶会阻碍铁质的吸收，也可能导致缺铁。

## 200　吃巧克力会上瘾

巧克力中含有咖啡因和色氨酸之类的物质，如果大量摄入会有上瘾的效果。但在巧克力中这些物质的含量很小，所以它们对人没有明显的影响。巧克力中还包含一些让你吃了心情愉悦的物质，但是这些物质也存在于其他食物中。西兰花中的此类物质甚至比巧克力更多，也没有人说吃西兰花会让让人上瘾。

## 201　吃巧克力会让你得丘疹

多项研究已经表明吃巧克力和患丘疹之间没有联系。当然你可能对巧克力包含的物质过敏，但那又是另当别论了。

## 202　巧克力和生蚝能让你性欲高涨

对于想要通过饮食让自己所爱的伴侣得到更多性享受的人们来说，这是一个坏消息：能极大地促进你性欲的食物并不存在。这种迷信却代代相传至今。

众所周知的催情物比如巧克力含有让人性兴奋和催情的物质。然而，其含量是如此之小，以至于你需要吃大量的巧克力才能感觉到这个效果。吃了这么多之后，你估计不会再对性爱感兴趣了。

## 203　带有白条的巧克力是坏掉了的

巧克力上面的白条不是发霉，而是可可脂溢到表面上。这是因为巧克力慢慢融化了。虽然巧克力的质量因此有所降低，但它并没有坏掉。

## 205 饮水会让饥饿感消失

饭前喝上几杯水是一些减肥膳食的一部分。喝水不会消除你的饥饿感，但会给你带来暂时的饱腹感，使你吃得少些。同样的道理也适用于全谷物产品：全麦面包比白面包更快给你饱腹感，你会因此少吃一些食物。

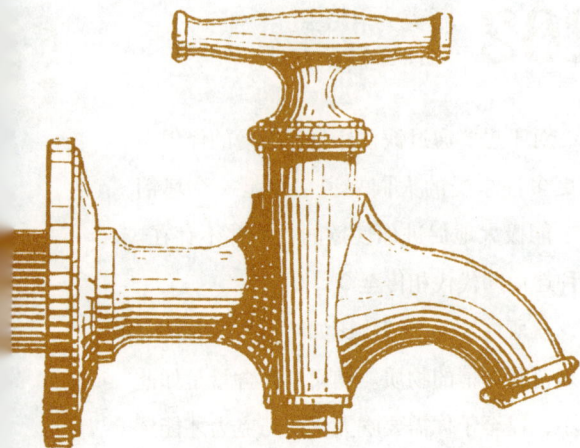

## 204 自来水并不健康

对于许多国家而言，这是正确的：当然不是全世界的自来水都可以直接饮用。然而，比利时和荷兰对于自来水有严格的卫生要求。

在低地国家，自来水监管非常严格，你可以百分之百地肯定这些国家的自来水是完全健康的。而且自来水比昂贵的瓶装水便宜几千倍。此外，自来水也更加生态环保。

## 206 放在车上的瓶装水不能再喝了

电子邮件群发的这个消息称，汽车内的热量会使塑料瓶释放致癌物质，而被释放的物质会引起包括乳腺癌在内的癌症。在欧洲和美国分别有学生对各种情况下的PET塑料瓶进行了研究。结果没有任何一项研究发现塑料瓶会释放出危险物质并将有害物质带入水里，此外饮用放在车上的瓶装水也不会对身体产生任何不良影响。

## 207 被冻住的塑料瓶产生致癌物

这也是几年前一封电子邮件的主题，但这个传闻也不是真的。尽管可能有致癌物质进入塑料瓶（这仍有待商榷），瓶子的冷冻过程中不会产生任何反应使得致癌物质在水中释放（参见谎言206"放在车上的瓶装水不能再喝了"）。

## 208 你每天至少要喝八杯水

大多数人每天通过喝咖啡、牛奶、汤、饮料、果汁等获得水分。此外，再加上8杯水（一升半到两升）的量对于很多人来说是有点为难的。这也是没有必要的，你从其他饮料和食物里面已经得到足够的水分了。

一般人需要一升半到两升的水分，但这个量当然取决于各种因素，如身体活动和环境温度。

## 209 先喝葡萄酒再喝啤酒是乐趣，先喝啤酒再喝葡萄酒是毒药

这句话来自中世纪。啤酒曾经是老百姓常喝的饮品，而葡萄酒则是富人喝的。只有在节日的时候，平民的桌上才会放上葡萄酒。葡萄酒喝完了，那么就只能喝啤酒了，这样就会导致不满（毒药）。

在现实中，过多的酒精会让你恶心、头疼。饮酒的种类和顺序，是不太重要的，酒精量过多才是致命的。

## 210 吃饭后饮酒有助消化

在餐厅和家庭用餐中，正餐后喝杯酒都是常见的习惯，这将促进消化。根据该理论，酒精可以稀释脂肪，使得食物更容易消化。事实上酒精会冲淡胃酸，因此饭后一杯酒对消化起到相反的作用。

## 211 吃生蔬菜比吃煮熟的蔬菜更健康

煮熟的蔬菜比生的蔬菜含有的营养成分确实少一些。煮沸的过程中会失去一些有益的物质（例如维生素C）。其他一些营养物质经过烹调之后，却更容易被身体吸收（例如维生素A）。所以准确地说，是有利有弊。

## 212 有机食品比普通食物脂肪更少

有人认为，有机产品中含有的脂肪量比普通食品少，这是完全没有道理的。

举例来说，有机火腿所含的脂肪量和工业化生产的火腿一样，甚至可能更多。原因是有机产品通常用传统的方法制成，因而脂肪是必不可少的。

## 213 冷冻蔬菜没新鲜蔬菜健康

讽刺的是，事实却是相反的：冷冻蔬菜通常比新鲜蔬菜包含一样多，有时甚至更多的维生素。这是因为它们在收获后不久就被冷冻起来。很多维生素暴露于空气和阳光下会迅速降解，因此放置时间稍长的新鲜蔬菜所含的维生素要更少些。罐装或瓶装的蔬菜比新鲜蔬菜所含维生素少，但前者所需的烹调时间要短，使得最终的维生素含量与后者几乎相等。

## 214 罐装或瓶装的蔬菜往往添加了人工染料

肯定是这样的吧？不然豌豆怎么会这么翠绿，胡萝卜怎么能如此橘黄？其原理相当简单：蔬菜被烫过。其结果就是蔬菜的颜色会更加稳定，甚至会色彩更鲜艳。它们并没有被加入人工染料。

# 215 浓缩咖啡（Espresso）比一般咖啡含有更多的咖啡因

没有什么比浓缩咖啡更能让你提神抗乏的了。乔治·克鲁尼无疑会立刻（为此获得很多报酬）证明这一点。但乔治错了。

既然这么说了，如果我们把100克浓缩咖啡和100克的普通咖啡相比较，浓缩咖啡包含的咖啡因为212毫克，而普通咖啡的咖啡因含量仅为40毫克。但一杯意大利浓缩咖啡（espresso）只有30毫升的液体，而一杯普通咖啡190毫升（含咖啡因约60~120毫克），比一杯特浓咖啡（含咖啡因约45~100毫克）明显包含更多的咖啡因。

# 216 咖啡是由咖啡豆制成的

植物学上来说咖啡豆根本不属于豆类，真正的咖啡豆是咖啡树所结果实的果核。

咖啡树生长出白色茉莉般的花朵，但只有几天的花期。花谢后结果，被称为咖啡樱桃或咖啡浆果。咖啡樱桃成熟时呈鲜红色，通常由手工采摘。咖啡樱桃的壳是苦的，但其果实非常甜美，看起来像葡萄。里面有两颗蓝绿色的内核，即咖啡豆。

烘焙半公斤的咖啡需要约2000个咖啡樱桃。由于每个咖啡樱桃包含两个种子，半公斤的咖啡需要4000颗咖啡豆。

# 217 绿色的土豆没有坏掉

过度暴露在阳光下或高热下会使土豆变绿。绿色是由完全无害的叶绿素引起的。然而，在阳光下也会产生龙葵素。龙葵素是一种天然毒素，大量食用会引起恶心、腹泻、头痛和神经方面的问题。

绿色的土豆在到达超市之前就被筛选出去了。然而，如果仍有绿色的土豆出现，那么将其绿色部分削掉就行了——龙葵素主要集中在皮上。

# 218 苹果的核是有毒的

如果你啃苹果的核，就会咬到氰化物。果核中的氰化物含量非常小，人们得吃上极为大量的苹果核才会感到其作用。所以放心地吃苹果核吧。

# 219 苹果对你的牙齿有益

有一句老话："聪明的孩子，吃一个苹果！"但你猜怎么着？这个谚语也错了。

一个苹果比你想象的给你的牙齿带来的伤害更多。据一些研究表明，现代苹果品种的糖含量最近十年增长了百分之五十，这么高的含糖量对你的牙齿当然有害。所以吃糖或吃苹果对你的牙齿来说差别不大。不言而喻，苹果的其他特性令其比起糖果来更健康。适量地吃苹果是最好的，但刷牙后还是最好不要吃苹果了。

# 220 吃未成熟的苹果会让你肚子疼

毫无疑问，这个寓言起源于苹果种植者，当时他们不想自己的苹果被淘气小孩偷吃。

但是如果你慢慢吃未成熟的苹果并充分咀嚼，完全能够和熟苹果一样消化。

# 221 用水冲洗水果和蔬菜可以除去表面的杀虫剂

水可以冲洗掉水果和蔬菜上一小部分农药，但是大部分农药仍然存在。许多杀虫剂不溶于水，而溶于脂肪。这意味着想要彻底去除蔬菜和水果上的农药应该用肥皂清洗。

当然也可以削皮，但在除去农药的同时也失去了大量的维生素和矿物质。

# 222 吃鱼会让你变聪明

鱼类含有大量欧米伽-3脂肪酸，其对大脑信息传输非常重要。这类酸越多，信息传输得就越好，你就越聪明。

大脑确实需要欧米伽-3，但人自身也可以产生足够的量。因此，没有必要服用额外的欧米伽-3。吃鱼不会让大脑生长，也不会让大脑更好运转。

# 223 你不能饭后吃水果

各种出版物的许多饮食指导不建议饭后吃水果。水果应该空腹食用，因而是应该饭前吃。原因是水果与其他食品混合后会出现消化问题，因为不同的食物会妨碍彼此的消化。饭后吃入的水果会在胃里面发酵腐烂，引起维生素的流失。最后水果还会酸化血液。

这些理论和断言没有任何证据支撑。食物分开食用没有什么必要。一些食物本身含有各种营养成分。食物发酵和腐烂是正常的，但是，这并不会发生在胃里，因为胃里没有足够的细菌。水果在肠子里确实可以引起问题，前提是你吃下了非常大的量。水果的酸性只在有限程度上被身体吸收，并被主要转化为水和二氧化碳。因此，血液的酸度不会受到影响。

在吃饭时，或者饭后吃上一个水果没有任何问题。

## 224 寿司是生鱼

寿司的翻译不是"生鱼"，也不是所有的寿司都包含生鱼片。生鱼的日本术语是刺身。寿司这个词指的是米的做法：拿用醋调过味的外皮包上。米的上面是传统生鱼，但也可以是煮熟海鲜、鱼类、鸡蛋或黄瓜、萝卜之类的蔬菜。外面用海藻包菜被称为卷寿司。

## 225 开口的青口，你最好不要吃

这是事实，一个新鲜的青口基本上是封闭的；死的青口无法关上贝壳。然而，在真空包装里，青口往往会微微张开。这是因为青口在其受保护的环境——包装袋里处于"放松"的状态。把青口从中取出后过几分钟贝壳就会合上。您可以通过把青口凸起一面放在水龙头下冲洗并敲击外壳加快这一过程。其中外壳破损或损坏的青口，你最好丢弃。

## 226 素食者可以随意吃贝类

许多素食者喜好吃贝类，如虾。他们的论据是虾的神经系统欠发达，因此也感觉不到疼痛。专家的确认同，诸如昆虫和甲壳动物的无脊椎动物确实无痛感。你不应该忘记，虾是被渔网钓上来的，渔网可看不出虾和鱼、海龟或海豚的区别。

所以，捕虾有很多额外的收获：在某些情况下，捕获一公斤虾的同时还会有6公斤的鱼类和其他海洋生物。

## 227 煮过后不开口的青口不能吃

煮过后不开口的青口只是有一个更强有力的括约肌。但你完全可以用刀子打开它食用。有的青口里面全是沙子，所以不要在你的盘子上打开青口。

# 228 吃鱼比吃肉健康

很长一段时间里，吃鱼被视为更健康，可持续地替代吃肉的选择。红肉有时与癌症风险增加有关，而富含脂肪的鱼类则是一个很好的替代食品。此外，鱼类含有丰富的欧米伽-3脂肪酸（参见谎言222，"吃鱼会让你变聪明"）。鱼类作为完美食物的声誉正在逐渐被矫正。与肉相反，超市中的很大一部分鱼类是野生捕捞的，所以我们津津有味食用的都是在被我们污染的海洋里面游动的鱼，在它们的脂肪组织里面聚累了各种毒素。

# 229 热那亚人吃海豚

这个说法不对。被传言用海豚肉做的菜叫作mosciamo。不过，海豚最近几十年在意大利属于保护动物。现在的mosciamo使用金枪鱼制成。它是一个可怜的替代品，因为金枪鱼几乎也要灭绝了。

# 230 海盐比普通食盐健康

不少人认为，海盐比普通的厨房盐或餐桌食盐更健康。虽然其成分（和味道）是不完全一样的，但这两种类型的盐同样地健康。此外，精盐和粗盐之间也没有任何区别。

# 231 轻（Light）食让你变瘦

一个产品只有在比原产品少含30%糖或脂肪，或者少25%的盐时才能被贴上"轻食"的标签。"或"这个词在这里非常重要。例如，轻量蛋黄酱确实可能含脂肪量要少30%，但比原来的产品含糖量高。你可能难以称这样的产品为轻食品。但事实上你很难发现与之不同的轻食品。糖和脂肪提供给食品特定的烹饪特性。一个尽可能接近原产品的替代产品，不可能随便将其他的一切都去掉。你省了一些东西，就会在另外一些东西上补回来。但你还是可以通过吃轻食摄取少一些的卡路里。可是没有必要一味盯着轻食的标签购买食物。

---

# 232 干杯最初是为了确保酒无毒

有很多关于喝酒前干杯的解释。其中一种是，通过干杯一个玻璃杯子里面的酒会溢到另一个杯子里面，这样就能保证酒里面没有毒。

相对来说较为可信的说法是，饮用酒可以满足五个已知感官里面的四个：嗅觉、味觉、视觉和触觉。碰杯的物理上接触使得美好的愿望在干杯时能够互相交换。最有可能的原因是，干杯能再一次确认刚刚说出的愿望。

# 233 你应该冲洗啤酒杯来达到产生漂亮啤酒泡的效果

这个谎言是在许多小餐馆中被采用的，但事实上是错误的。干的啤酒杯更适合啤酒泡的产生。那为什么要冲洗啤酒杯呢？除了除去残余的洗涤剂外，还和温度有关。如果你用冷水冲洗玻璃杯，它就具有适合的温度。很多人都忘了这仅适用于清啤酒（Pils）。饮用温度比清啤酒低的特色啤酒，也需要更大的啤酒泡沫，更适合用干燥的玻璃杯饮用。

# 234 阿斯巴甜会增加患癌症的风险

阿斯巴甜是大量的轻量产品用作糖的替代品的甜味剂。阿斯巴甜的使用和潜在的健康风险引发了很多的讨论。意大利的一项关于阿斯巴甜的研究认为其与肿瘤的发生有一定关联。因此，欧洲食品安全局（EFSA）决定就此进行彻底调查。

他们的研究结论是清楚的：没有理由修改阿斯巴甜安全性的科学观点。欧洲食品安全局认为意大利调查受到了严重的干扰，实验用鼠的疾病并非由阿斯巴甜引起。因此无法将观察到的肿瘤发生率增加和阿斯巴甜关联起来。肿瘤的发生数量和阿斯巴甜的使用量完全无关，其他研究人员认为阿斯巴甜产生的影响其实应该归咎于饮食不均衡。最后，对肿瘤的诊断也受到了质疑。

虽然其他研究也得出对阿斯巴甜消极的结果，但大多数科学家都认为阿斯巴甜对人类健康没有危害。

# 235 天然糖比添加糖更健康

我们所吃的糖总量的一半，是天然存在于我们的食物里的，比如说在水果里。很多人认为，水果里面的天然糖比添加糖更好，但事实并非如此。在苹果、香蕉、葡萄、猕猴桃中含有的糖和添加糖一样多，同样对牙齿有害。唯一的区别是，在水果里面也有像维生素一样健康的成分，而这些你不能从软饮料里获取。

# 236 饮酒有助于睡眠

饮酒后容易入睡是事实。此外，酒精能让你在睡眠的前半段睡得更深。这个正面影响在夜里的睡眠后半段完全被抵消掉。在你睡眠的后半段，你会更频繁地醒来，睡眠也较浅。其净效应是你会睡得更少一些。即使晚饭前喝一杯酒也会降低你的睡眠质量，尽管事实上所有的酒精在就寝时间到来之前已经从血液中消失了。酗酒者没有酒精就无法入睡，由此产生的睡眠不足是戒酒后复饮的最重要原因之一。所以把酒称作"加州罂粟花"（荷兰语里被称为睡帽）这个说法是完全不正确的。

# 238 清酒是米酒

你在日本餐厅饭后喝到的一小杯清酒实际上是Nihonshu，一种日本酒。严格来说，清酒是一种烈性的啤酒（sake是日语里面"酒精饮料"的意思），而不是我们在餐厅所喝的。

# 237 酒精在准备菜肴时会蒸发

酒精的挥发温度为78℃。因此人们常常认为，在烹饪过程中所有酒精都会蒸发消失，但几乎总是会有一定量的酒精残留在食物内。残留在食物里的酒精含量的多少因加热的方法、烹调时间和锅底部的表面而异。一般来说，烹调一个小时后，蒸发了75%的酒精含量，两个半小时后则有95%的酒精被蒸发。爆炒后75%的酒精会存留在食物里面。

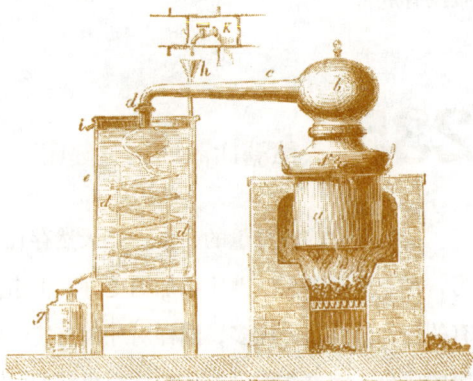

# 239 如果你喝了很多啤酒，随着时间的推移就会有啤酒肚

没有任何科学研究显示啤酒的卡路里会在腹部以脂肪的形式堆积。在德国的一项研究中，科学家们在2001年到2009年之间跟踪调查了20000人，包括男性和女性，将他们的体重和腰围与他们的啤酒消费量作比较。经过八年调查发现，受试者的大肚皮和过多摄入的卡路里有关。这些卡路里是否来自啤酒，无从得知。

调查还显示了我们早已熟知的事实：男性的多余脂肪集中在腹部，而女性则集中在臀部和大腿。

# 240 百利甜酒和汤力水会在你的胃里形成血块

根据这个传言，百利甜酒和汤力水、果汁、七喜、芬达以及一大堆其他饮料混饮时可能致命。

这两种饮料可能在你的肚子里面相互反应，形成血块，堵塞你的整个消化系统，导致致命的后果。一个简单的厨房小实验显示，混合百利与任何上述的饮料会产生奇怪的反应，在玻璃杯内形成片状物质，让人联想到薄薄的油漆，因此我们也不建议饮用。它看起来也并不像可以喝的饮品，我们绝对无法想象其口味如何，但你喝了之后也不会有生命危险。

还有类似的美国都市传说——跳跳糖。这种碳酸糖果会在你的嘴里滋滋作响，你绝对不能同时喝可乐。这样会有强烈的反应发生，将你的胃引爆。这些故事的影响力如此之强，以至于西雅图的食物代理机构甚至专门设立了一个热线，来解答父母们的相关疑问。

真相只有一个。

——《名侦探柯南》

# 地球和宇宙

## 242 宇宙是黑色的

一提起宇宙，人们往往会说它是黑色的，而实际上并不是这样。你通常是透过星星仰望天空。试想一下你在一间黑屋子里，里面只有几盏灯发出微弱的光。但你并不会觉得房间很黑。房间里光线的密度和颜色会使房间呈现出某种颜色。此外，四周墙壁的颜色对房间颜色也有一定的影响。但是宇宙缺少这样的墙。

宇宙的颜色实际上是接近米色的。人们甚至为这种颜色起了个名字：宇宙拿铁。一百亿年前的宇宙是蓝色的。但目前宇宙中红色的恒星数量逐渐超过了蓝色恒星的数量（红色恒星更古老，温度更低；蓝色恒星更年轻，温度更高）。当越来越多的蓝色恒星变老变红，宇宙的颜色也随之更接近红色。

## 241 太阳是黄色的

如果让小孩画画，无论哪个小孩笔下的太阳都是黄色的。天文学家对此予以肯定，并称我们的太阳是一个黄色的侏儒。

太阳表面的温度高达六千摄氏度。这样高温下呈现出来的颜色只有一种可能：那就是白色。而太阳光实际上就是白色的，只有当太阳穿过我们的大气层才呈现出黄色。

# 243 月球绕着地球转

地球的吸引力等同于月球的吸引力，这使得地球和月球一起围绕它们的共同引力中心转动。但是由于地球本身比月球大很多，引力中心实际存在于地壳之中，因此看上去是月亮绕着地球运行。

同理可得：地球也不是绕着太阳转的，而是绕着它们共同的引力中心旋转，而太阳比地球大如此之多，毫无疑问这两个天体的共同引力中心一定在太阳之中。

# 244 我们用肉眼可以观测到几十颗星星

人们用肉眼很容易就观测到几十颗甚至上百颗星星。然而在世界范围内人们仅仅能用肉眼观测到四到七颗星星。在北半球你可以观测到我们自己的银河系和仙女座星系。晚上我们观测星空时看到的星星几乎都存在于银河系之内。在南半球人们能观测到的除了银河系还有大小麦哲伦云。如果你的视力超群，你还可以看到三角座的M33星系、大熊座的M81星系以及水蛇座的M83星系。

# 245 我们的太阳系有九大行星

一直以来，太阳系的确是有九大行星，但自从2006年冥王星被划出行星之列，被贬为侏儒行星（即矮行星）后，太阳系就只有八大行星了。

侏儒行星的体积比小行星大，但比大行星小。国家天文学联合会对大行星、矮行星和小行星的分类有相当严格的标准。大行星和矮行星最重要的区别在于矮行星未能清除在近似轨道上的其他小天体。据估算，太阳系在未来几十年将有53个天体被划分为矮行星。

## 246 北极星是天空最亮的恒星

这无疑是天文学中最顽固的一个误解。事实上北极星在恒星中的亮度排名是第49名。该排名中大犬星座的天狼星位居榜首（当然我们没有把太阳归为一类，否则太阳无疑是最亮的恒星）。可见北极星只是北方天空一颗极其普通的星星而已，而地轴正指向北极星。

## 247 月亮有一半总是黑色的

更正一下标题的说法：我们永远只能看到月亮的一半。我们所谓的月亮背面和正面一样，都能被太阳照射到，只是人类永远无法目测到月亮背面而已。直到1959年，当苏联发射的第一颗无人月球探测器"月球2号"成功在月球表面着陆，并拍摄了世界上第一张月球背面的照片，月球背面的地貌终于第一次呈现在人们面前。

## 248 黑洞能将所有的物质都吸进去

科幻片中经常出现宇宙黑洞将所有物质吸进去的场景。但事实并非如此。造成这种错觉的原因是黑洞占据的空间比普通恒星要小很多，但拥有比恒星强大的重力场。

如果我们的太阳被由同样物质组成的黑洞取代，所有星球依旧会围着太阳公转，和现在没有两样。只要这些星球公转范围不超越黑洞视界线，就不存在任何被黑洞吸进去的危险。黑洞视界线（即黑洞边界，或黑洞外表分界线）是指从黑洞中心到其周边的一条分界线，在这个分界线之内重力之大，以至于所有物体都无法逃离，光线也不能幸免于此，所以黑洞是黑色的。

# 249 光速为每秒300000公里

光的传播速度并不是固定的。人们通常说的光速为300000公里/秒（更精确地说是299792.458公里/秒）是指光在真空中的最大传播速度。而在其他介质中光的传播速度都比这个数值低。有史以来科学家测出的最低光速之一是在零下272摄氏度钠介质中的传播速度，甚至不到60公里/小时。那么最低的光速是多少呢？最低的光速是完全静止，即0公里/小时。将光速注入玻色–爱因斯坦凝聚中的铷原子介质实现了光停止。

# 250 炎热和水是沙漠里最大的危险

其实，在沙漠里溺水身亡是沙漠中最大的危险。虽然这听上去极具讽刺性。沙漠地带干燥，降雨量稀少，但一旦降雨，一般都是暴雨。但沙漠里的沙子因为长时间缺失水分且被暴晒，降雨后水流不能短时间内浸入沙子，所以就使沙子漂浮在水的上面，而水也被严严实实的覆盖。所以虽然看起来还是一片沙漠，但是由于沙子松软，当人踩在悬浮的沙子上面时，就会陷入沙子下面的水中，因而导致人在沙漠中"淹死"。在撒哈拉沙漠有一次两天内就有三百人溺水身亡。

# 251 流星导致降雨

流星雨指运行在星际空间的小粒子和固体块在进入地球大气层后与大气摩擦燃烧所产生的光迹。雨是两个性质不同的气团相遇才形成的，发生于大气最底层。流星雨和雨是两个毫不相干的概念。

# 252 白天你也可以看到天上的星星

有史料记载白天你也可以看到天上的星星。前提是你要站在一个烟囱底部，这样你只能看到天空的一小部分。持有这种说法的人比比皆是：亚里士多德在他的一篇论文中提到过，狄更斯也在他的小说《匹克威克外传》（*The Pickwick Papers*）中提到过。

然而，即使是伟人也有犯错误的时候。白天天空的平均亮度是夜晚的六百万倍。1946年科学家们做了一个实验，实验发现如果要在白天观测到最亮的恒星天狼星，其亮度至少要是现在亮度的五倍。既然天空最亮的恒星白天都看不到，那么更不用说其他恒星了。白天观测行星倒是可能的。金星的亮度是天狼星的五倍，白天可以清晰地看到。当然前提是天气情况良好，并且你清楚地知道金星的位置。此外，木星和土星也在肉眼观测范围之内。观测其他行星则相对困难。水星距离太阳太近，天王星和海王星则距离太阳太远。不过通过天文望远镜还是可以观测到的。

# 253 长城是月球上唯一能看到的人类建筑

从相对较低的高度（200千米到400千米高）你可以看到各式各样的人造建筑：高速公路、机场、桥梁以及大坝等等。但是离地球距离再远一点，这些建筑物就会消失在眼帘。在20世纪前五十年，各类科幻小说中都提到过人们可以在月球上看到长城。

# 254 穿越小行星带非常危险

爱看科幻小说的人都知道飞行穿越小行星带的过程是惊心动魄、险象环生的。在飞行过程中被碎石撞击的概率大得惊人，只有像《星球大战》里的汉·索罗（Han Solo）才敢勇往直前。汉·索罗的表现的确增加了科幻电影和系列片的观影紧张程度，然而这和事实大相径庭。

小行星带的确有不少碎石——我们的太阳系有近五十万颗碎石。美国航空航天局曾计划发射无人太空探测器穿过小行星带，科学家们对此进行了精确的估算，并预计其被碎石撞击的概率为十亿分之一。这样看来，与之相比赢得彩票的概率是非常大的。

---

# 255 戴上墨镜
就不会被太阳灼伤

现在越来越多的人为自己的车窗和房间窗户装上了UV镜，即紫外线过滤镜。他们希望通过这种方式过滤紫外线。但是UV镜并不能完全隔离紫外线。所以即使你戴上防紫外线墨镜，或者为您的车装上UV镜也不能完全避免太阳光中紫外线的辐射。

# 256 闪电不会两次击中
同一个地方

闪电击中的地方是具有任意性的。一个地方被闪电击中第一次和第二次的概率是一样大的。罗伊·沙利文（Roy Sullivan），一名美国国家公园管理者是一个鲜活的例子。他曾经在同一个地方被闪电击中七次，他能幸存下来简直就是一个奇迹。

## 257 飓风来临时应该开一点窗，以保持内外压力相等

科学家得出结论，强烈的飓风会使得房屋爆炸，因此可以推断出刮飓风的时候室外的压强比室内低，这种压强差导致房屋爆炸。为了避免这种现象的发生，专家建议人们在刮飓风的时候把窗户打开，这样可以使得房屋内外压力一致。

然而更进一步的研究表明，房屋在飓风中爆炸的原因正是由于打开的窗户或者破损的窗户使得飓风肆意进入房间，房顶的作用就如同飞机机翼一样，把整个房子带到天上去了。

## 258 观测日食时可以用CD或者墨镜保护眼睛

很多人认为底片、墨镜、CD、X光片以及其他一些材料可以在观测日食时对眼睛起到保护作用。这些家庭、厨房以及花园用具对眼睛的保护作用远远不够，如果你使用上述工具观测日食，可能对你的眼睛造成永久性伤害。只有专业日食观测眼镜才能保护好你的眼睛。这类眼镜通常能在天文馆购买。使用日食观测眼镜的前提是你没有通过其他辅助工具观测日食，如果你通过天文望远镜观测日食，则需要更强的防御措施。

## 259 由于地球自转，飞行员从北向南飞必须调整飞行角度

如果这种说法真实可信的话，那么飞行员在赤道的位置必须立即调整方向盘，因为地球在赤道的自转速度高达1700千米/小时。但是别忘了，地球在自转的同时大气也在地球引力的作用下一起转动。地球引力非常大，使得大气像是黏附在其上方一样，随之一起转动。如果不是这样的话，在赤道的风速将达到1700千米/小时。

# 260 北极冰川融化会导致海平面上升

专家预测2050年北极冰川将全部融化。灾难预言家警告人们这将导致海平面急剧上升。这种说法是一个认知误区，北极的冰川本来就是漂浮在海面上的，即浮冰川。而浮冰川融化并不会导致海平面上升，因为冰川位于海平面以下部分的体积和其融化后的水的体积一样大。这个原理的前提是淡水冰川和淡水。而北极冰川是漂浮在咸水上的淡水冰川。淡水的密度比咸水低，淡水冰川将继续在海面上漂浮，而冰川的体积比其融化后的体积要小，因此将导致海平面上升。不过上升的幅度仅为四分米，不具备危险性。真正危险的是陆地冰川：如果陆地冰川滑入海中，海平面将上升几十米。

---

# 261 四季的划分是由与太阳的距离决定的

这听上去很荒诞，但是冬季地球离太阳的距离的确比夏季近。事实上，和太阳的距离与季节变化没有任何关系。地轴倾斜使得地球出现四季的变化。春分和秋分时期太阳直射赤道，太阳光线斜射地球其他区域。

当太阳直射某个区域，所有太阳光将汇聚在一个小的区域，使得那个区域温度升高。如果太阳光倾斜照射某个区域，相同量的太阳光则需要分布在更大的区域，能量也更加分散。这和手电筒光束是同一个原理：当你用手电筒垂直照射墙壁，会使得某个较小区域光线增强，但是如果你将手电筒角度倾斜照射墙壁，照亮的范围则更大，但是光线要弱很多。

## 262 衡量震级使用的是里氏量度标准

各大媒体对地震强度的报道使用的都是里氏标准。但实际上从20世纪80年代起，里氏已经不再是衡量震级的标准了。这个量度标准有几个严重的缺陷。其中一个缺陷是里氏震级是有上限的，当地震强到一定程度，会出现震级饱和的问题，因此人们引入了矩震级的测量方法。在近十年发生的大型地震中，人们都是通过矩震级测量地震强度。

## 263 云的重量是很轻的

云漂浮在空中，使得人们产生一种错觉，认为云自身是很轻的。然而云是由气态小水滴构成的，如果你把构成云的所有小水滴重量加在一起，获得的水量大得惊人。一片云的重量甚至相当于几百头大象。

## 264 地震多发生在干燥和炎热的时候

这种认为天气因素对地壳内部活动也有一定影响的观点可以追溯到古希腊时代。亚里士多德认为地震源自地下洞穴中的风。实际上地震和天气状况不存在任何联系。地震是地壳运动导致的结果，和天气无关。

## 265 地球是圆的

从自太空拍摄到的地球照片来看，地球的确是圆的。不过实际上地球并非一个完美的圆球体。地球的旋转速度使得其赤道略鼓，两极略扁。其他天体的形状也和地球大同小异，因为两极的重力比赤道的略弱（0.5%）。所以说地球并不是一个圆球体，而是一个椭圆体（专家称其为一个扁圆的类球面）。

# 266 水是地球上最常见的物质

我们生活在一个表面大部分被水覆盖的蓝色星球——地球。然而水并不是地球最常见的物质。地球最常见的物质非钙钛矿莫属。这是一种由硅、镁元素和氧组成的无机化合物。地球的近二分之一是由钙钛矿构成（钙钛矿英文为perovskite，是为纪念俄罗斯地质学家Perovski而命名的）。科学家们普遍认为地幔主要是由钙钛矿构成，尽管到目前为止还未曾有谁通过采样证实过这个观点。

# 267 彩虹可以出现在一天当中的任何时段

彩虹形成的条件很简单：太阳和雨。但是太阳照射的角落也至关重要。形成彩虹的前提条件是阳光照射的角落温度不能高于40℃。

# 268 彩虹是七色的

人人都会用自己语言的助记符记忆彩虹颜色的排列顺序。在荷兰语中这个助记符是ROGGBIV（roddelen over gekke grote broer is vals首字母缩写），通过这种方式可以记住荷兰语中的赤橙黄绿青蓝紫（这七色首字母缩写也是ROGGBI）。艾萨克·牛顿（Isaac Newton）以玻璃棱镜展示了将太阳光散射成彩色之后，关于彩虹的神秘面纱才真正被揭开，只是他刚发现太阳光谱时并未将青色和紫色归于其中。尽管彩虹看上去只有七色，但是实际上牛顿通过实验向人们展示了整个光谱。太阳散发出的辐射线波长很长，其中只有七种波长的光能被人类感知，而不同的民族对颜色的认知也不尽相同，很多颜色在一些民族中完全不存在，而有的民族则将颜色分为原色和合成色。

# 269 晚霞行千里

　　"朝霞不出门，晚霞行千里"是一句人们耳熟能详的气象谚语。实际情况确实如此吗？对于此天气现象的科学解释听上去非常合乎逻辑。众所周知，天气系统是自西向东移动的，而太阳是东升西落的。深红色的晚霞意味着西边天空出现平稳的高气压，天气转晴且云层已经散开，夕阳才能斜射东边天空的云彩。太阳光被大量的空气分子散射，使云彩呈现深红色。如果出现朝霞，则情况完全相反：深红色的朝霞说明西边天空已经有云存在，而早上起云主要是由于天气系统性原因而形成的。未来随着天气系统东移，当地将逐渐转受其影响，天气将转阴雨。

　　霞与天气的关系比上述解释要复杂很多。精确的天气预报不能完全基于天空的颜色，因为除了朝霞和晚霞之外，还有其他因素会影响天空呈现的颜色。天空呈现红色也极有可能是因为一片雨带刚刚经过，天空暂时晴朗。因此通过观测天空的颜色，你并不能准确预报第二天的晴雨。

# 270 撒哈拉沙漠全被沙覆盖着

　　一提到撒哈拉，人们脑海中一定会浮现出一片广袤无垠的沙漠。然而撒哈拉沙漠沙的覆盖率仅仅为20%，其他地方则被岩石、石头和砾石覆盖着。

　　那些刮向欧洲大陆并将我们的汽车蒙上一层黄沙的沙从何而来？那些其实不是沙而是尘。沙粒的重量相对较大，无法从北非吹到欧洲来。

# 271 撒哈拉是地球上最干旱的地方

撒哈拉的确是一个非常干旱的地方，这一点毋庸置疑：年降水量甚至不到25毫米。但是地球上还有很多地方从不降雨或者降雨量更少。著名的南极干谷就是个典型的例子。但因为南极终年冰雪覆盖，而冰雪也是水的一种形式，所以我们不能说南极是地球上最干旱的地方。智利北部的阿塔卡玛沙漠比撒哈拉更加干旱，其中局部地区甚至400多年都没有降雨记录。

---

# 272 珠穆朗玛峰是世界上最高的山峰

如果按海拔高度计算山峰的高度，这个说法当然是正确的。

但是，你也可以从其他角度计算。以非洲的乞力马扎罗山为例，它是位于非洲高原上的唯一一座山脉，以高原底部为计算高度的起点也是合情合理的。而珠穆朗玛峰只是喜马拉雅山脉中的一个山峰而已，如果你把它看成一个单独的山峰，它远没有乞力马扎罗山高。

此外，乞力马扎罗山位于赤道附近，由于地理位置的原因，与珠穆朗玛峰比起来，其山峰并不显著。毕竟地球不是一个完美的球体，而是一个扁平球体（参见第265个谎言"地球是圆的"）。

另外一种测量高度的方式就是测量从山脚到山顶的高度。按照这种测量方式计算，夏威夷的莫纳克亚山（10203米）当之无愧拔得头筹。

或许你从未听闻过莫纳克亚山？这并不稀奇，因为这座山仅仅高于海平面4025米而已。

# 273 大气层中的空气主要由氧组成

氧气是维持人类生存不可或缺的重要元素，但并不是空气最重要的组成部分：空气中氧气的含量仅为21%，而氮气的含量却高达78%。此外还含有一些微量元素，这些微量元素中二氧化碳所占比例最高（0.03%）。

# 274 北半球马桶冲水时，水呈顺时针转

抽水马桶水流动的方向是由多种因素决定的：马桶水槽的形状，喷水方向等等。人们普遍认为的由地球旋转而产生的科里奥利力使得浴缸或者抽水马桶的水流呈顺时针或逆时针漩涡状的论断其实是错误的。

科里奥利力只有对强力和持久的天气模式才能产生影响，例如飓风和洋流。但对下水道的影响微不足道，完全可以忽略。

# 275 水是蓝色的

用玻璃杯在自来水管接满水，仔细看看，水并不是蓝色的。但是我们的海洋是蔚蓝的。这是因为太阳光中的红光波长最长，最容易被水吸收。而波长较短的蓝光遇到纯净的海水分子则会发生强烈的反射和散射，因此我们看到的海洋呈现蓝色。而浑浊的水却更不容易吸收黄光和绿光，反而更容易吸收蓝光，这也解释了为什么浑水呈现绿色或者黄色。

# 276 钙是白色的

高纯度的钙（也就是我们通常说的石灰石）是呈现银白色的金属。加工过的钙粉以及氧化钙才是白色的。

# 277 指南针指向北方

指南针的一端指向北磁极。北磁极和地理北极并不是一个概念（参见谎言278）。北磁极距离地理北极，即我们真正意义上的"北极"仅三千公里。不过北磁极并不是静止不动的，而是每年以65公里的速度向西伯利亚方向移动。

北磁极和地理北极的差异在大部分情况下我们是感受不到的。但在世界某些地区两个北极差异达到20度。在那种情况下，GPS定位的准确性则大大降低。

# 278 地球有两极：南极和北极

事实上地球有11个极。我们将在此一一列举。

- 地理北极和地理南极：他们是地球的最北端和最南端（地轴穿过地球表面）；
- 北磁极：地球磁场方向垂直向下；
- 南磁极：地球磁场方向垂直向上；
- 地磁北极和地磁南极：地球磁场的磁北极和磁南极简化模型；
- 北难达之极：离陆地最远的北冰洋极点；
- 南难达之极：离海洋地最远的南极极点；
- 北天极和南天极：地轴和天球于北方/南方相交的一点，即方/南半球星空旋转的虚拟中心点；
- 仪式性南极点：离真正的南极约数百米，《南极条约》的签字国旗帜树立在其周围。

## 279　死海是世界上盐度最高的湖

这个称呼无疑为位于以色列的湖泊冠以了至高无上的殊荣。"世界上最咸的湖"实属位于吉布提的红海。红海每一升海水含有400克盐，而死海则只有340克。

别着急计划去红海度假：如果你赤脚在海岸趟水，会闻到一股恶臭，而且你的脚很有可能被坚硬的结晶盐划伤。

## 280　从核电站冷却塔冒出来的烟雾有剧毒

从核电站冒出的烟雾实为水蒸气，并不含有任何放射性物质或者有毒物质。这些水蒸气来自核电站冷却回路。冷却水将核电站冷却后，水变热并以水蒸气的形式蒸发。冷却塔的作用是再一次冷却水蒸气，使其变成冷却水。当然，不是所有的水蒸气都可以恢复成水，一部分水蒸气将以无害的浓烟形式蒸发。

## 281　雨滴的形状和眼泪的形状一样

画笔下的雨滴和眼泪的形状几乎是一样的。然而雨滴实际上是呈球状的，这是因为球的表面积最小而容量是最大的。你会发现，大自然中很多物体都是球状的。太空飞船中的水流在失重状态下也是球状的。

雨滴在下落过程中受到空气阻力而发生变形。直径大于1毫米的雨滴呈现下底较平的扁球状，如果直径大于3毫米，雨滴的扁平底部就会出现凹痕。如果直径继续变大到5毫米，则会在湍流场中破碎，形成新的雨滴。可见雨滴形成的临界尺寸是5毫米。不存在大于5毫米的雨滴，因为雨滴直径一旦大于5毫米，就会形成新的雨滴。

# 282 3月21日立春

　　在学校我们学到的是3月21日立春，6月21日立夏，9月21日立秋，12月21日立冬。天文年和历年并不完全一致。天文年的立春是太阳直射赤道那天，那一天昼夜长短一样。这一天有可能是3月21日，也有可能是3月20日，甚至可能是3月19日。闰年使得历法中的一年里突然多出来一天，导致天文年的四季都往前推了一天。太阳直射北回归线的那一天是天文年中夏季的开始，而太阳直射南回归线那一天则是天文年中冬季的开始。当太阳再次直射赤道那一天则是秋季的开始。立秋也不一定一直在21号。

# 283 纸袋比塑料袋更环保

　　纸袋和塑料袋各有其利弊。纸袋的材质是可循环使用的再生资源，但其制作过程的耗能要比塑料袋多40%，对空气和水造成更大的污染，此外交通运输能耗也更大，因为纸袋占的空间远远大于塑料袋。

　　塑料袋是由化石燃料制成，不能被微生物降解，对环境无疑是很大的污染。但是塑料袋材质轻便、防水、可重复使用，因此可以回收再利用。

　　总之，无论是选择纸袋还是塑料袋都有各自的弊端，如果你是一位环保主义者，建议使用可重复利用的环保购物袋。

# 284

## 声音在水中传播速度更慢

声音在水中的传播速度为1500米/秒，比在空气中的传播速度仅仅快5倍。但无论在水中还是空气中，这个速度并不是恒定不变的。水面以上声音的传播速度为330米/秒。水温以零摄氏度为界，温度每升高一摄氏度，声速每秒增加0.6米。

尽管在水面以上我们很容易判断声源方向，但是在水面以下判断其方向尤为困难。这是因为声音的传播速度之快以至于我们的耳朵完全来不及定位声源方向。在地面上得益于两耳之间较大的时间差，使我们很容易判断声音是从哪个方向传播的；而在水中双耳时间差非常小，这使得我们的大脑神经无法分辨声音的方位。此外，人体的大部分是由水组成，因此也会吸收部分声波，这几个因素综合起来导致我们的耳朵完全无法判断水中的声源方向。另外，人的耳朵通常也不适应水下的高声速。

由于声音在水下传播速度更快，使得人们产生一种错觉，认为水下的声音更强更近，而实际上并非如此。

人生来就是平等的。
比起拒绝，
人们往往更愿意听谎言。

——马库斯·图留斯·西塞罗

*Marcus Tullius Cicero*

# 人类的身体

## 285 大脑是黑色的

人们通常称大脑为"灰色物质"，实际上确实如此吗？人活着的时候大脑的颜色是介于裸色、粉色和褐色之间的。这种颜色源于血管。人一旦死亡，大脑中没有了新鲜的氧化血液，红色便会褪去转而呈现灰色至褐色。大脑中的灰色物质其实是大脑外部皮层的颜色，皮层以下的大脑是白色的。

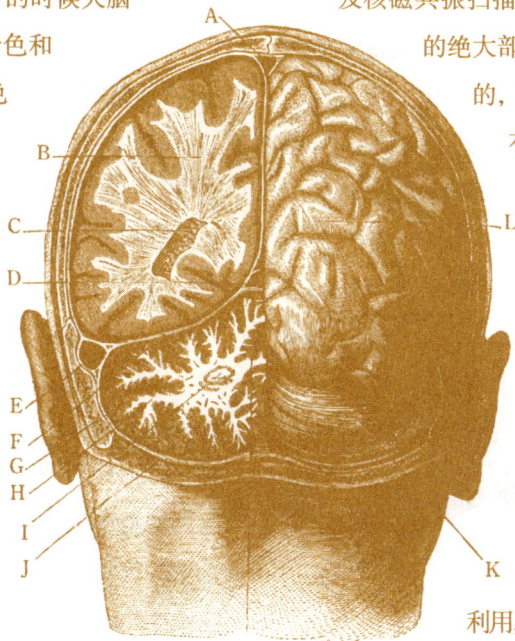

## 286 我们只使用了大脑的10%

通过电子发射型计算机断层摄影扫描以及核磁共振扫描可以观察到我们大脑的绝大部分区域都是相当活跃的，当然这并不意味着所有脑细胞都一直处于被使用的状态，这个道理和你的肌肉并不是一直处于被使用状态一样。你从事的每一项特定的活动都是由大脑某个特定区域控制的。当正常的一天结束时，如果你大脑所有区域都得到利用，则是相当完美的了。

# 287 人体大部分热量通过头部散失

几乎每个人在童年时代天冷外出时，妈妈或者奶奶、外婆都会叮嘱自己戴一顶帽子，这样才能保暖。其实这是她们认知的一个误区。医生在低温环境下测量热量散失时发现头部和身体其他部分散失的热量是一样多的。冷天出门不戴帽子散失的热量并不比不戴手套散失的热量多。

头部散失的热量是人体散失热量的10%，热量散失最多的地方是背部上方。

# 288 大脑在强压下工作效率最高

我们常常会遇到某一工作的截止期限即将到来，而拖延症的惯性使得工作压根儿没有展开，在这种情况下我们往往会破釜沉舟，不遗余力按时完成该工作，并通常能取得意想不到的良好效果。这么看起来，在强大的压力下，大脑工作效率似乎更高些。

时间在时钟的滴答声中流逝，这种滴答声成了你完成任务的最强大动力并推动你不惜一切代价按时完成任务，但在这种情况下你的表现并非最佳。如果你认为只有在压力推动下你才能更好地完成工作，这是因为你赶在截止日期前完成任务的这个结果加强了你的这个信念。掐着截止期限完成任务的愉悦感会导致你过高估计自己完成任务的效果。其实压力并不能让人更有效地展开工作，它只能成为你完成工作的一个动力。而在截止日期到来前有条不紊地安排好工作进展才能使得工作更圆满地完成。

# 289 我们有两个鼻孔

我们其实有四个鼻孔，而能从外部看到的只有两个而已。另外两个"额外"的鼻孔在鼻子内部，连接鼻腔和咽部。正因为有这两个"额外"的鼻孔我们才能畅快地呼吸。

这两个"额外"的鼻孔极有可能是从鱼类的后鼻孔进化而来的。鱼大多数有两对鼻孔，朝前的一对进水，朝后的一对排水。用你的鼻子深吸一口气吧，这得感谢你的鱼类祖先。

# 290 弱光下看书伤眼睛

在弱光下看书很容易造成眼睛疲劳，严重时甚至会导致头痛，但这对你的眼睛没有任何伤害，无论你是在弱光下看小字文章还是使用电脑或者看电视（也不论背景是否是黑暗的）。

时不时让眼睛休息一下并注视远方或者闭目养神是缓解眼睛疲劳最好的方法。

# 291 味觉只有酸甜咸苦四种

每个人都可以说出这四种味觉，即甜、酸、咸、苦。事实上还有第五种味觉：鲜味。这个词来自日语 umami，是鲜味、鲜美的意思。这种味道来自谷氨酸，是一种被作为很多半成品增味剂使用的氨基酸。常用于咸味小吃及浓缩固体汤料等。这种鲜味也大量存在于肉类、蛋白质、干奶酪以及海藻中。

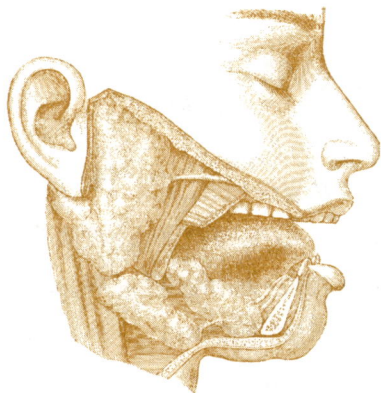

## 292 戴助听器
会导致听力衰退

佩戴助听器不仅能帮助提高你的听力，而且可以通过声音的刺激使你的耳朵和大脑得到持续训练。人们的担心完全是多余的。

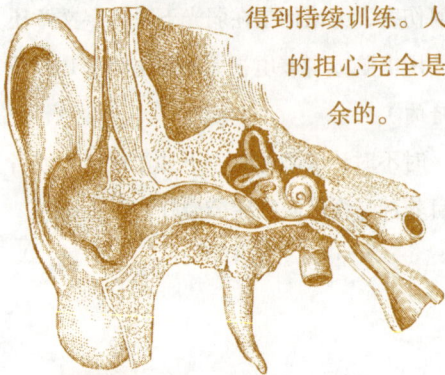

## 293 隐形眼镜
会从你眼里消失

从物理上说隐形眼镜不可能进入你的眼球里。人的眼球前面通常覆盖了一层与内眼睑连接在一起的眼膜即结膜，这种结构能保证你所佩戴的隐形眼镜一直处于眼球正前方而不会偏移。

## 294 流鼻血时
应该仰着头

除非你想喝自己的鼻血，否则头千万不要向后仰。血液会直接进入你的胃里并让人产生恶心的感觉。出鼻血的时候向前倾的方法也不可取，因为这会导致你血管压力增大，会堵塞凝固的血块。

最好的方法是身体坐直并用手捏紧鼻子，几分钟后就可以止住鼻血，如果二十分钟后依然无效，则需要寻求医疗帮助。

## 295 胸部小的女人
不需要戴胸罩

即使胸部小的女人也需要胸罩支撑，罩杯形状好的胸罩能更好地帮助女性胸部塑形。有几种特殊的胸罩特别受小胸女性的推崇：定型泡沫文胸，弹力紧身胸衣以及有聚拢功能的胸罩。

# 296 直立的坐姿可以避免腰酸背痛

挺直腰板的坐姿比弯着腰前倾的坐姿好。这个观点的正确性是毋庸置疑的。但是长时间挺直腰板的坐姿对脊柱同样会造成负担。挺直腰板的坐姿和倾斜着身体的坐姿对脊椎影响的区别并不如人们想象的大。因为工作性质而需要长时间坐着的人，最好每隔几十分钟站起来走动一下并做做伸展运动。

2012年苏格兰和加拿大的研究人员通过核磁共振就不同坐姿对人体影响的区别做了一个实验。研究表明对脊椎压力最小的坐姿是最好的，即微微向后倾斜，身体与座椅呈约135度角。但由于这个角度很容易让人摔倒，专家建议最好保持120度的坐姿。

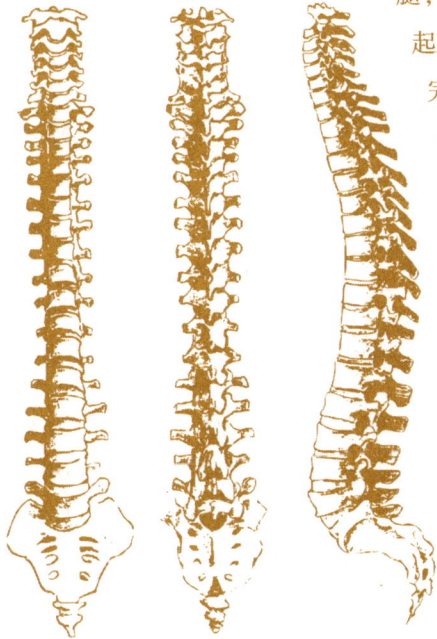

# 297 扛重物会使人腰酸背痛

你所扛物品的重量无关紧要，是否会造成背部酸痛取决于你扛重物的方式。很多人扛重物后会腰酸背痛。然而实际上你可以采取些技巧避免背部产生不适感：将双膝慢慢弯下去，并保持背部直挺，接下来伸展你的腿，将重物从地面抬起来，这样你的背部完全不需要弯曲或者旋转就能将重物扛起。

# 298 人有五种感官

根据不同的定义人有九到二十几种感官。亚里士多德提出人类有五种感觉器官，即视觉、嗅觉、味觉、触觉和听觉。此外还有平衡感和加速感（前倾平衡感知）、疼痛（伤害感知）、身体某一部位及位置的运动状况（本体感知）以及相对温度（热觉感知）。下面几项在某些情况下也被视为感官，即时间感、瘙痒感、忙碌感、饥饿感、口渴感、胃胀感、排泄感、排遗感以及血液中二氧化碳水平。上述这一系列感知被称为感官听上去有些牵强，不过这完全取决于你对感官的定义。

---

# 299 使用除体臭剂会增加患癌概率

2012年的两项研究表明，使用除臭剂会提高人患乳腺癌的概率。这两项研究给出的都仅仅是现阶段研究结果，在研究时有几项因素并没有考虑进去，比如除臭剂的组成成分。2002年的一项同类研究就1500名女性进行了实验，实验结果表明除臭剂的使用和乳腺癌并不存在必然联系。

根据弗莱芒抗癌组织研究表明，使用除臭剂不会增加乳腺癌患癌概率。除臭剂的成分很容易被人体吸收，并通过身体排出，不会在体内停留很久，因此完全不会致癌。

而其他的类似产品，比如空气清新剂，则需慎用。空气清新剂内含苯，而苯是一种致癌物质。空气清新剂中苯的含量是否过高从而对人体产生明显的影响还亟待确定。

# 300 患有诵读困难症的人看到单词字母的顺序是颠倒的

患有诵读困难症的人看上去似乎很难将阅读的单词解码，或者他们会将一个单词内的音节进行随意调换。这让人认为诵读困难症患者看到的单词字母顺序是颠倒的。事实并非如此，他们只是不能正常处理视觉信息，并且不能将一个字母或者单词与其相对应的音节结合起来。诵读困难症分两大类，针对不同类型的诵读困难症治疗手段也不一样。

# 301 哮喘病无法治愈

使用正确的药物能缓解哮喘甚至能根治此病。但如果你患有重度或危重度哮喘且长时间未治疗，即使通过药物也是无法彻底治愈的。及时就医、使用恰当的药物并随时观察自己的身体情况是非常重要的，这样才能使你更好地应对哮喘并享受生活。

## 302 热牛奶可以有效对付猪肉绦虫

民间流传驱除体内猪肉绦虫的方法是对着一碗热牛奶张大嘴。这看上去非常可笑，而且你根本抓不了什么猪肉绦虫。猪肉绦虫生活在人的大肠里，按照这种说法它们要通过胃和食道往上爬，这对它们而言并不愉悦。然而往上爬对猪肉绦虫毫无意义可言，因为大肠里才有它们需要的食物，而它们往往只会待在让自己觉得舒服的地方。就算对热牛奶有浓厚的兴趣，但是以它们的嗅觉是闻不到牛奶香味的。

驱除体内猪肉绦虫的最佳方式就是使用正确的药物。药物能杀死猪肉绦虫并将其分解成小块，最终以排遗的方式排除体内，这才是它们离开人体的正确方向。

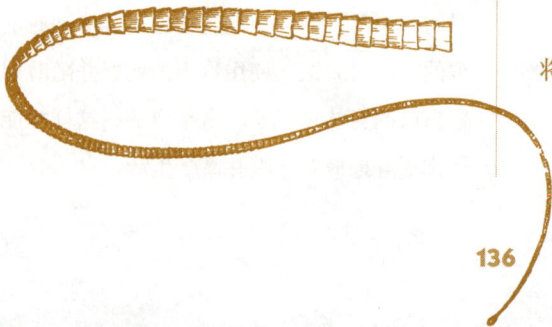

## 303 慢性疲劳综合征其实是掩盖自己懒惰的幌子

长期以来人们都认为（至少是有这类想法）患有慢性疲劳综合征（荷兰语简写为CVS）的人只是在为自己的懒惰找了这样一个借口而已。持怀疑态度的科学家甚至很支持这种说法，直到2011年英国教授约翰纳·科尔（Jonathan Kerr）的一个重要研究才使得这种无稽之谈不攻而破。

科尔对五十名实验参与者进行了血液采样，这五十名实验参与者当中有一半患有慢性疲劳综合征。实验数据表明，慢性疲劳综合征患者血白细胞的活动与正常人相比更不规律。患者的免疫系统的混乱使得身体呈现病态，而实际上没有任何病症。导致这种疾病的原因很有可能是遗传性的。

自2005年，比利时国家疾病和残疾保险将慢性疲劳综合征纳为疾病。据估算，比利时大约有20000人，荷兰大约有40000人在日常生活中饱受该疾病的折磨。

## 304 糖尿病患者不能参加运动

如果相信这种说法，只能使得糖尿病患者病情加重。相反地，积极参加运动对糖尿病患者好处多多。当然，运动量要依自身实际情况而定。如果你自患病以来从未参加过任何运动，突然进行剧烈运动自然会适得其反。如果你患有某类并发症，例如眼出血或神经病变，在进行锻炼前则需慎重考虑。如果你的肌肉没有任何问题，不论你是否患有糖尿病，都赶紧运动起来吧！

## 305 压力过大容易患癌

压力并不会直接导致人患癌或者猝死。人们患上癌症或者猝死是由于压力大引起的并发症所致。长期压力过大会使得人免疫力急速下降，一旦压力过大身体就会产生各种不适，从头痛到心脏病。人们往往通过暴饮暴食、过量饮酒和吸烟来缓解压力，这才是导致癌症的真正元凶，甚至会突发心肌梗塞而死亡。为了保持健康的生活方式，应该尽量学会调节压力。

## 306 糖尿病是可以治愈的

网上流传着这样的言论：某些糖尿病患者坚持吃三十天生食，三十天后糖尿病被神奇般治愈。这些糖尿病患者几乎一个月不摄入任何碳水化合物，使得血液中的糖分减少，因此他们需要的药物剂量也随之减少。几乎没有人可以严格坚持这种饮食疗法，而且这种食疗法并不健康。几乎没有研究表明该食疗方法可以治愈糖尿病，现阶段人们还没有找到彻底攻克糖尿病的方法。疗效较好的方法是胰腺移植手术或者胰岛素细胞移植手术，但是手术风险极高。

# 307 扳手指关节会导致关节炎

扳手指关节发出的声音在很多人听来都非常恼人。不少人声称经常扳手指关节的人会为此遭受惩罚，即患上关节炎。然而这种说法并不可靠。

这种联想的产生可能是由于有关节炎的人关节经常咯吱作响。"关节发出咯吱响声"是关节炎引起的结果，而不是导致关节炎产生的原因。关节发出响声的原因是多种多样的。健康的关节也能发出声响，但这不会使关节遭受任何损伤。

然而关节作响也有可能是某种疾病导致的，并且会和其他症状相伴而至，例如疼痛。导致关节作响的原因取决于关节的部位以及病症（是自发性或是病症）。关节腔的突然性扩展会引起关节作响：关节液中的气体被释放出来产生的声音。随后气体又在关节中溶解，不会损坏关节。只要你在扳关节的时候别把手指弄脱臼，就是没有任何危险的。

# 308 精神障碍并不能称得上真正的病

有些人一直认为精神方面的疾病是人们自己想象出来的，甚至是种无病呻吟。只要自己努力控制就能避免精神障碍的发生。尤其对于一些罕见的精神疾病，人们更是直接忽略其存在，对之视而不见。很多精神疾病都不为人知，其中有一些其实经常出现在人们的日常生活当中，而这些精神疾病的患者却往往遭致周围人的不解或冷嘲热讽。

同样的症状会出现在不同的人身上足以说明精神疾病是真实存在的。然而不是每个人都可以准确地描述同样的病症。大脑是人体的器官之一，和人体其他器官一样，大脑也可能出现这样或那样的问题。正如癌症是由于恶性肿瘤细胞的扩散导致，精神疾病也是由于大脑中某个部位出现紊乱而引起的。然而对其诊断是相对困难的，一根骨头断裂了你是可以看见并能触摸到的，而大脑的破损却深藏在人的头骨之中，完全无法看出来。

# 309

## 我们的阑尾没有任何价值

大多数人都认为我们的身体器官阑尾没有任何功能，是人类进化过程中退化的器官。

阑尾的确是盲肠的多余部分，是素食者储存细菌的地方，并通过这些细菌更好地使植物得到消化。在人类进化过程中，我们的祖先生活方式逐渐发生改变：他们放弃了吃素的生活方式，而转为以肉食为主。盲肠因此成了多余的部分而且体积逐渐变小，一直变成我们现在所谓的"阑尾"。

像蚯蚓状突起的阑尾没有任何价值的说法并不正确。阑尾含有大量淋巴组织，对人体免疫系统起着一定的作用。近期科学家们还就阑尾的另一个作用展开了研究。根据杜克大学科研人员的研究表明，当人严重腹泻的时候，阑尾成为我们肠道菌群保护区，并能很好地清洁我们的肠壁。腹泻后阑尾的菌群将重新"占领"大肠，对其起到保护作用。此外，在膀胱受损后，阑尾组织还可以起到修复膀胱的作用。阑尾未被摘除的人能更好地抵御大肠感染性疾病，且膀胱储存效果也更好。

# 310 血液稀释剂
稀释血液

在通常的说法中，术语"血液稀释剂"用来指代两种类型的药物，但在这两种情况下这个名字和实际药物都不符合。第一类型是阻止血液凝块的抑制剂。第二种药物确保血小板不会依附在损坏的血管壁上。因此，血液在这两种情况下都没有被稀释。如果真的被稀释了，在氧气、营养物质和废物交换上就会带来各种各样的问题。

# 311 我们的心脏
是在左边

如果你问别人，他的心脏在哪里的话，那么最常见的回答会是："在左边。"他们通常是指左胸稍往上的位置。在现实中我们的心脏就在我们身体的最中间，安全地藏在胸骨后面。心脏本身不是对称的：心尖稍偏左，心脏肌肉左边更加发达，因为左心室需要将新鲜血液压向全身。因而唯一的正确答案是："在中间。"

# 312 西班牙流感源于西班牙

如果不是源于西班牙，为什么要叫"西班牙流感"呢？第一波西班牙流感大爆发横扫了美国和欧洲大部分国家，当然西班牙也未能幸免于难。作为中立国家，西班牙并没有被卷入第一次世界大战，因此其新闻监管环境也相对宽松，所以西班牙媒体可以自由报道流感情况。这使人们误以为西班牙是流感重灾区，甚至有人以为西班牙是唯一一个被这种传染病肆虐的国家。因为西班牙媒体的诚实可信，人类历史上的这次最致命的流感疫情被冠以"西班牙流感"之名。

# 313 中国人不出汗

所有的人都会流汗，但你出什么样的汗取决于你来自哪里。有两种类型的汗腺：小汗腺腺体产生一种无味的液体，是用来冷却身体的（参见谎言139"如果你不给一匹满身是汗的马盖上毯子，马就会生病"）；大汗腺腺体产生的是油性汗液。正是后者产生了汗味。实际上并不是流汗本身发臭；皮肤上的细菌进入了油性汗液，其产生的废物气味难闻。

来自东南亚的人和我们有同样多的小汗腺，但其大汗腺腺体要少得多。因此，他们也流汗，但他们的汗水味道比我们的轻。汗味在寻找合适的伴侣中起到了作用，但为什么亚洲人的味道比较轻，目前仍不清楚。

# 314 我们的眼睛会放出辐射

这听起来令人难以置信，但显然有很多人相信我们的眼睛向某处看去时会发出辐射。最近的一项研究发现，三分之一的大学生相信这一点。这种理论在17世纪就已经被驳斥，但却似乎极其顽固地站稳了脚跟。特别是人们声称他们可以感受到有人在看自己的事实，使得这一理论依旧坚挺。

其实，眼睛的运作原理完全相反：摄入的光线被收集并在大脑中创建出图像。

# 315 舌头是人身上最强的肌肉

首先，舌头由八块不同的肌肉组成。不管对"强"如何定义，即使它们全部加起来也不构成最强的肌肉。以"对外部物体施加力量的能力"作为标准，最强的肌肉是咀嚼肌，这主要是由于其借用了我们的下巴的力量。如果指肌肉本身的力量，那么最强壮的则是在我们大腿的股四头肌。就大小和力量比例来说，子宫是最强的肌肉。子宫重量不到一千克，女性生产时强力宫缩的力量可达到400牛顿，是现代弓拉伸后全部弹力的上百倍。心脏肌肉是力量耐力最持久和总量最大的。因此，"人体最强肌肉"并不唯一，且舌头不在其列。

另一个有趣的小知识是：就功能来说最强的肌肉是眼外肌。据估计眼外肌的力量是其功能所需要力量值的上百倍。

---

# 316 牛皮癣很少见，但具有高度传染性

这个标题包含了两个谎言。第一是牛皮癣并不少见，它甚至是最常见的皮肤病之一。世界上约百分之二至百分之三的人口受其困扰。此外，牛皮癣是完全不会传染的。它不会通过接触、空气或体液传播。牛皮癣和个人卫生也没有关系，它是一种遗传性疾病。如果父母一方有牛皮癣，他们的孩子就有10%的患病机会。如果父母双方都有牛皮癣，小孩得病的可能性就会上升到百分之五十。

牛皮癣尚不能治愈，但可以很好地治疗。

# 317

## 当你打喷嚏时，你的心脏会暂时停止跳动

看上去当你打喷嚏时，你的心脏会暂时停止跳动。不过，您不需要担心，即使在打喷嚏时，你的心脏仍然在默默地工作。打喷嚏导致胸腔压力增大。当你打喷嚏大力呼出气时，压力就减小了。这个压差影响心脏血流，暂时改变心跳节奏。但心脏的血流活动不会停止，所以在打喷嚏时你依然是活着的。

# 318

## 如果你打喷嚏时睁着眼，会把眼球震出来

这个谎言在美国电视节目《流言终结者》中被节目团队揭穿过。一位主持人勇敢地睁着眼打喷嚏。在慢录像上可以看到他的眼睛是睁着的，眼球完好地待在他的眼窝里面。虽然打喷嚏时眼后的压力会上升，这个压力却远远不够改变眼球的位置。人们的眼睛通过眼结膜、眼外肌和视神经被固定在自己的位置。因此，需要有超过一个喷嚏所产生的力量才能将它们震出眼窝。

## 319 吃维生素片可以增加抵抗力

包括维生素A、B6、E和C在内的几种维生素在保护免疫系统中发挥重要作用，这是事实。这同样也适用于微量元素，如锌和硒。但是，健康而多样化的饮食会让你摄取足够多的这些物质。吃维生素片是没有必要的。过量地摄入某种维生素甚至可以产生不良的后果。一些维生素过多症甚至是致命的。

## 320 呼吸急促时，必须对着纸袋呼吸

这是经常被推荐的方法，该方法也出现在许多电影里面，但事实上这种做法是不可取的。

如果有人出现早期哮喘或心脏病发作，这时很容易过度呼气而感到头晕，这是相当危险的。对着袋子呼吸会增加体内的二氧化碳含量，甚至可以导致死亡。

最近的研究表明，对于真正的换气过度，用纸袋的小伎俩也不是那么有效。

## 321 口香糖需要七年才能被消化系统消化

小时候父母常常告诫我们在任何情况下都不能把口香糖咽下去。口香糖被吞下去后会黏在肚子里，需要7年时间才能被消化。

口香糖的确是黏性很强的，但它在我们的消化系统里和我们吃的其他东西没有什么不同。虽然我们的身体消化起口香糖来比较困难（因此它被认为是无法消化的），但它不会黏在我们的胃里。口香糖和其他食物一样在你的肚子里展开一段旅程之后，毫无变化地离开身体——对于一般的食品，这需要一到两天的时间。

# 322 吃香蕉招蚊子，吃大蒜则驱赶蚊子

饮食上的改变不会对吸引或驱赶蚊子产生任何影响。不管你吃不吃大蒜，都照样咬你。另外，拿用柔顺剂洗过的纺织品擦你的皮肤也没有作用。为了避免蚊虫叮咬唯一行之有效的方法是用衣物裹住皮肤，并涂上含有避蚊胺的驱虫剂。

# 323 大手或大脚的男人阴茎也大

大手或大脚或大鼻子都表示阴茎长，这个论点一直没有经过研究证实。迄今为止，只有很少量的正式相关研究，得出的结论是，阴茎勃起后的平均长度是35厘米，该长度与身体其他任何部分的尺寸或身体总长度是不相关的。此外，也从来没有发现过松弛和勃起状态长度之间的相关性。

关于黑人男子有更大的阴茎的传言，我们可以简单地说：没有科学证据支持这一观点。

# 324 比起笑来，我们需要用更多的肌肉来皱眉

这个谎言往往显示了笑比皱眉容易的潜台词，因为前者需要的能量要少。严格地说，这并不属实。在现实中我们皱眉时要比微笑时少使用一块肌肉。

人的脸部有53块肌肉。我们需要其中12块肌肉来开口大笑，皱起眉头则只需要11块。但对于稍纵即逝、不发自内心的微笑只需要两块肌肉，即笑肌（risoriusspieren，拉丁语"笑"的意思），它们使嘴角上提。因而不发自内心的微笑比皱眉更容易。

# 325 感冒时最好不要接吻

当有人感冒了，那个人通常不给人见面吻。你肯定不希望通过接吻把病毒传给别人吧？那不如握手。

不幸的是，这一选择却有相反的效果。一个感冒的人通过接吻传播病毒的可能性为零。真正的危险来自于意外的地方：感冒病毒在你的手上。当你感冒时，会经常擤鼻涕，作为彬彬有礼的公民，你打喷嚏或咳嗽时会用手捂住嘴巴。

所以大量的病毒就留在了你的手上。和你握手的人如果把他的手放到嘴边，就会把所有这些病毒带入口中。在这样的情况下感染的概率非常大。最好的问候方式是飞吻：给人一个不通过皮肤接触的吻。

# 326 湿着头发走在严寒中，更容易感冒

许多科学家不同意这一说法，而认为感冒是由病毒引起的。

从本质上讲，他们是对的：感冒是由病毒引起的。但寒冷还是会影响到感冒的次数。值得注意的是，在冬季感冒的人比在夏季要多。这有三种可能的原因。第一，在冬季人们会更多地呆在室内，我们把所有的门窗关闭，导致通风条件差，让病毒更容易传播。第二，可能是由于病毒在较低温度下能够更好地扩散。第三个原因和标题联系最密切：英国的一项研究表明在寒冷环境中的人得感冒的概率更大。该假说认为，寒冷使得上呼吸道血管变窄，因而减弱免疫系统功能。这样看来着凉真的容易感冒。

# 327 要让失去意识的人侧卧，这样他就不会 吞咽自己的舌头

当有人失去了知觉时，如果你不知道发生了什么的话，千万不要移动他。如果其背部或颈部受伤，移动他就会很危险。如果其没有受伤，最好让他/她平躺，将腿部置于高于地面大约30公分的地方。检查一下他的呼吸，如果意识丧失持续超过两分钟的时间，请拨打急救电话。如果他呼吸得平稳，你可以使其平稳地侧躺着，头部稍微向后，将大腿抬高。即使其开始呕吐或从口中流血，也最好还是让他/她侧躺，不然的话他/她会被呕吐物或血液呛到。

舌头是不能被吞咽的，它牢牢地待在你的嘴里。人们大概指的是，舌头，这块厚厚的肌肉（参见谎言315"舌头是人身上最强的肌肉"），在某些情况下可能会回落到喉咙处，这样的话就会闭塞气管。也正因此，检查呼吸是至关重要的。

# 328 我们的生物节律是以24小时计算的

这似乎是最合理的，但有研究表明，这是不正确的。如果人们没有时间的提示，就会自动去随着时间的推移切换到更长的昼夜。

最初的研究得出生物钟为25小时的结论，最近的研究表明，生物节律和24小时的传统观念相差没有那么大：为24小时11分钟。所以人们常常感觉一天的时间不够用，其实是有科学依据的。

# 329 尿床是一种行为障碍

尿床是不是一个学习或行为障碍？孩子不是故意的，尿床也不是他们的错，更不是他们父母的错。关于尿床还没有一个明确的解释。在大多数情况下，尿床是由多种因素共同引发的，比如遗传、兴奋、膀胱的不稳定性、过于严格的如厕训练（信不信由你）。虽然这是一个棘手的问题，但它不是奇怪或异常的行为障碍，而且通常会自行消失。

晚上不给孩子喝东西肯定不是办法。缺乏水分可导致脱水，而导致膀胱刺激症状。而且饮水过多不是尿床的原因。

# 330 挖鼻子的人不容易感冒

挖鼻孔令很多人觉得恶心。有些人将里面的鼻屎挖出，甚至有人很没品地将其吃掉。

"但是，"挖鼻子的人说，"这对你的身体有好处，因为你的免疫系统会因此获益，你就不容易感冒了。"

然而，这种说法没有丝毫道理。感冒的可能性和挖鼻子之间不存在任何的关系。其实，你鼻子里面挖出来的东西是感冒引起的，而不能预防感冒。

最后，挖鼻孔并非没有风险。你可能会损坏鼻子的毛细血管，因而导致出鼻血。

# 331 胖人是更好的歌剧演唱家

歌声的质量与腰围大小，以及脂肪量无关。一个歌手的声音质量取决于技术：声带的使用、肌肉、肺活量和喉咙周围的谐振腔。然而，人体的谐振腔可能因为身体的急剧变化而同时发生变化，因而改变声音。但是肥胖绝对不是成为好的歌剧演唱家的先决条件。

# 332 硬床垫对你的背部有好处

床垫的硬度应该是取决于睡在上面的人。较重的人比轻的人需要更硬的床垫。当骨盆和肩膀微微陷入床垫时，床垫提供了最好的支撑，以使背部保持笔直。如果太硬，那么背部就无法得到充分的支撑；如果太软了，就会全身陷入床垫。除了床垫以外，床架的类型和睡姿也很重要。例如，尽量不要趴着睡，特别是在柔软的床垫上。

这个谎言有些片面，且接受其建议弊大于利，因为因人而异。所以应该先尝试，如果出现腰酸背痛的情况要向专家咨询。有些商店允许你试用30天，看看是不是睡得舒服，有没有出现背部不适。

# 333 为了保持健康你应该偶尔"排毒"

这是一种在过去十年变得十分流行的风尚：排毒。解毒是在替代医学的环境中出现的——替代又可理解为：不是基于科学证据的。换句话说，没有证据支持这些治疗的效果。推销排毒理念的人不会告诉你有什么毒素，更别说告诉你储存在你身体的哪里，它只是一个可以包治百病的方式。不幸的是，这些治疗可能损坏你的免疫系统。排毒专家却可以将其很简单地解释为：如果你治疗后觉得不适，那是因为你的身体正在适应；治疗结束后，觉得身体状况转好的话，治疗便是成功的。简而言之：无论怎么说都是有效的！

# 334 我们灵魂的重量为21克

这个谎言起源于电影《21克》的走红。1907年邓肯·麦克杜格尔为濒死患者制造了内置体重秤的床。当患者去世后，重量减轻了21克。因此，麦克杜格尔认为了人类死后离开身体的灵魂重约21克。此外，不久后进行的另一项研究显示，在狗死后不会出现类似的情况。这就让人坚定这样的信念：动物没有灵魂，只有人类才有。

这是一个标准化的伪科学被公众接受的例子。对麦克杜格尔实验的深入分析很快将这一假说弄了个水落石出。医生只用了6例患者的数据，而且其结果存在很大变数，由此得出这样的科学结论是不负责任的。该研究结果得以发表反而是一个奇迹。

死亡之际体重的减轻可能是由于肺里排出空气，或由排汗逸出的水分损失。这在任何情况下，都能更好地解释为什么麦克杜格尔的结果是如此不稳定，以及为什么狗没有变轻——因为狗不出汗。

# 335 去世后头发和指甲会继续生长一段时间

人死后身体变干，导致手指和头部的皮肤收紧。这使人产生错觉，以为头发和指甲还在生长。此外，牙龈也会缩紧，从而使牙齿显得更长。这种现象也可能是产生吸血鬼故事的现实基础。

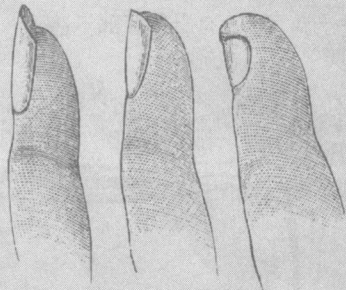

# 336 火葬很环保

人去世后选择火葬可能是一个干净、节省空间的选项，但并不一定比土葬更加环保。

火化过程中产生150~400公斤的二氧化碳，相当于汽车行驶900到2500公里所产生的二氧化碳量。如果火葬以宗教形式在户外进行，像在印度一样，那么排放的量会是其的许多倍。

当然，比起比利时每年土葬的上万公斤二氧化碳排放量来看，火葬释放的二氧化碳量就不算什么了。但火葬还需要算上参加者的来回路途（通常是开车，因为火葬场很少接近居住区），以及仪式上消耗的能量，等等。这样算来，排放的二氧化碳量会迅速上升。

将火葬及土葬对环境的负担加以比较并不容易。这取决于使用的焚厂炉的种类和逝者埋葬在什么样的土壤下。不论怎样，火葬并不总是比土葬更好。

# 337 饭后一小时以后才能去游泳

虽然有理由支撑这个观点：进食后人体的一部分血流会集中到胃部，因而没有足够的血液供给肌肉，使得身体容易出现抽筋的状况，但从未有人因为刚吃完饭去游泳而溺水身亡。大量进食后去游泳可以让你感到恶心，但你也不会因此被淹死。如果你抽筋了，那么你可以镇定地从水中离开。

# 338 如果你无法入睡，最好继续躺在床上

如果你继续躺在床上，你就会开始担心，这是不利于你的睡眠的。如果上床十五分钟后你还没有睡着，你最好起床。您可以去另一个房间休息，并尝试通过阅读书籍或漫画的方式放松下来。随着时间的推移你会开始感到困倦，那时就可以再次上床睡觉了。

# 339 半夜前的睡眠时间价值增倍

如果你习惯于午夜前睡觉，而有一次在午夜之后才上床，你可能就会觉得没有休息好。一切与习惯有关，而与你几点上床睡觉无关。

睡眠的前四个小时是很重要的，这有助于身体的恢复。所以，如果你确保夜里的前四个小时深睡，那么你的身体就会得到很好的恢复。所以如果你想第二天精神充沛，不一定要在午夜前爬上床。

# 340 鸡皮疙瘩没有生物学功能

起鸡皮疙瘩是你在感到冷的时候身体保持热量的方式。小肌肉使你的胳膊和腿上的汗毛竖起。这些直立的毛发保持将空气固定，创造了贴近皮肤的暖空气热绝缘层。不幸的是，人类并不像以前那样多毛发，因而这个生物策略不再像以前对于我们的远祖那样有效。

# 341 你在梦境中可以进行任何学习

在20世纪五六十年代，这个理论是非常受欢迎的。据说你甚至可以在睡眠中毫不费劲地学习外语。该理论始于一次夏令营，该营的一半营员每天晚上听到"我的指甲味道很可怕"的信息。另外的控制组则没有听到这个信息。结果听到信息组营员中咬指甲的人数比控制组的低了25个百分点。

在50年代，无论是军队还是公司都对这种"睡眠学习"的课程表现出兴趣。但事实证明这种方法无效。夜里睡眠中学习法语的人第二天根本什么都记不住。

得出的结论是：在你睡觉时学不了东西。咬指甲的研究可能包含一些错误。事先得知这次实验的目的也不是不可能的，可能在这样的影响下，他们咬自己指甲的次数便减少了。

# 342 日光对睡眠不好

正相反，我们需要日光来睡好觉！日光操纵我们的生物钟，调节我们的清醒和睡眠节律。当我们坐在日光下时会产生皮质醇，这种激素使我们活跃和警觉。在黑暗中，大脑产生褪黑激素，使我们昏昏欲睡。如果我们整天坐在室内，就模糊了白天和黑夜的差别，使得我们晚上入睡变得更加困难。因此，白天多呆在室外对于晚上的睡眠是特别重要的。

白天睡觉确实不是好主意。因为这会使身体产生皮质醇，使人难以入睡。如果要在白天睡觉，最好创造一个完全黑暗的房间环境。

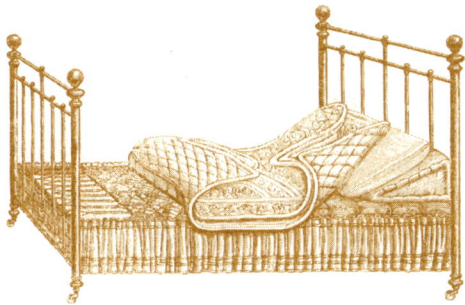

# 343 有越来越多的人不育

我们现在更加认识到有些人不能生孩子的事实。围绕这一话题的禁忌已经在很大程度上消失了，人们比过去更倾向于寻求帮助。

越来越多的女性等到三十多岁才怀孕。随着年龄的增长，生育能力下降，所以更多想怀孕的人遇到了困难。

以上这些并不意味着较大比例的人口不育，只是换了一种看问题的角度。总之，人口出生率和出生率的降低不应该和不孕相联系。

# 344 如果你吃得更少，你的胃就会变小

作为一个成年人，你的胃大小总是保持不变的。事实上如果你吃得更少，你的身体，包括你的胃在内就会慢慢习惯。因此，你就不容易感到饿了。只有通过外科手术才能减少胃的大小。

# 345 你可以一夜白头

常常流传着人们因为情感刺激或其他原因一夜之间白发丛生的传言。

如果我们了解了老化的过程，那么很显然，这是不可能发生的。变白头并不意味着现有的头发改变颜色。白头发，是发根含有较少色素的新头发。每根出现的头发都需要通过正常的生长周期。考虑到头发平均每天生长0.3毫米，一夜里长出白发将是天文数字般的增长速度。此外，在同一时间所有头发都要失去色素，这是完全不可能的。

# 346 运动太少
会导致胃酸问题

虽然运动对胃灼热症状有积极的缓解作用，但反之则不成立。胃灼热可以由于各种病因引起，比如摄入大量的食物和饮料，过紧的衣服和妊娠。但缺乏运动不在其于。

# 347 剃掉的毛发会长得更黑，或者更茂密

我们剃掉的那部分头发，其实已经死了；只有在头皮下面的那部分是活着的。即使你把头发都剃干净了，也不影响活的毛囊。所以，你可以根据自己的意愿来剪头发，刮胡子，修剪打理，毛发不会因此发生改变。短发没有长发柔顺，因此，似乎看上去更硬。

完成了一个化疗疗程的人，当他的头发又开始增长时他往往会感到惊讶。有人治疗前是直发，治疗后可能变成卷发，反之亦然。这是因为药物损伤毛囊。化疗针对快速分裂的细胞，这些可能是癌细胞，也可能包括其他细胞，如毛囊细胞。毛囊因而受损，从而就会掉头发。幸运的是，毛囊是可以恢复的，这样头发就又长回来了。因为毛囊的破坏，给予头发结构的硫桥，则以不同的方式形成。在特殊情况下，色素细胞也受到影响，因而化疗后可能会有不同的发色。甚至还有白发的人恢复其自然发色的例子。

## 348 吸脂会减轻你的体重

那些在网络上流行的吸脂广告中吸脂前后对比的惊人照片，让你不得不信服这种外科手术的显著效果。彻底调查后发现的结果却是破坏性的。被抽走的脂肪在几年后又会长回来，但会长在其他地方。对此的解释是身体会对体内脂肪和脂肪细胞的量精确调节，并尽可能维持一个相似的量。这被称为动态平衡。

但研究也表明，尽管在手术后脂肪仍然会回来，女人们依旧感到满意。显然想法才是最重要的。

## 349 冷水洗脸有奇效

确实，用冷水不坏，但水中并不含有有效成分。因此，水中没有什么能够改变你皮肤的东西，冷水洗完脸后唯一的结果是带来一种清新的感觉。

## 350 牙膏有助于治愈粉刺

通过在皮肤上涂牙膏使得痘痘干燥得更快，似乎就能更快地去除粉刺。但是，并非只有痘痘，周边的皮肤也因为牙膏变干了。

使痘痘变干和治愈痘痘是不一样的。而且，存在于牙膏中的一些物质对我们的皮肤不是有益的。牙膏应该使用在你的牙齿上，而不是作为一种治疗粉刺的手段。

## 351 阳光有助于青春痘的治疗

痤疮是由皮脂过度生成引起的。细菌寄生于皮脂中，并导致毛孔堵塞。虽然太阳可以暂时使你的皮肤变得干燥，因而也感觉不那么油腻，但不能治愈你的粉刺。皮脂腺会继续产生皮脂，另外，紫外线无法进入你的皮肤深处来杀灭细菌。

# 352 食用精子对皮肤有好处

精液的有益效果被许多圈子严重高估。有的消息甚至声称，食用精子可以预防乳癌！其实，这种想法也不是绝对疯狂的。事实上，精液中含有大量有益健康的成分，如钙、果糖与各种酸。

但是，没有科学证据支持这个假设，即食用精子对皮肤有积极的作用，更不用说可以预防一些疾病的发生。

# 353 如果你拔掉一根白头发，会长出两根来

如果你拔掉一根白发，在同一个位置会重新长出一根白头发。这的确符合逻辑，因为新的头发来自同一个发根。但新头发要经过六个月的时间才能长出来。在这段时间里，你可以在同一块区域生出一些新的白发，但是这不是因为你拔掉了一根白头发。生白发毕竟是一个自然和逐渐老化的过程，是无法通过拔除来阻止其发展的。

# 354 防水性防晒霜能让你变瞎

这个谎言是于1998年在一封电子邮件中出现的，邮件中讲述了一个可怕的故事：防水性防晒霜进入了一个两岁孩子的眼睛里，因为它是防水的，母亲无法用水将其弄出，便急忙将孩子带到急诊室。医生在用特殊化学品清洗完孩子的眼睛后，孩子在接下来的两天里却失明了。

防水的乳液最好用水或是通过眼泪从眼睛中去除。虽然防晒品会刺激眼睛，但没有证据表明它会引起失明。

# 355 儿童的牙齿不需要关心，因为反正会掉

如果你不关心宝宝的牙齿健康，牙齿就会慢慢地烂掉和脱落。如果孩子失去了幼齿，并没到长恒牙的阶段，会让他们的嘴生长异常，造成颌骨变形和恒牙过早长出，造成牙齿的歪斜。因此，正确的口腔护理在所有年龄段都是必不可少的。

# 356 如果你大量运动、健康饮食，吸烟的危害也会减少

在任何情况下，吸烟都不健康，不管你进行什么样的活动。你去健身房、慢跑或是打球也无法补偿吸烟带来的危害。运动显然是健康和可取的，但它不会减少吸烟所产生的伤害。

想要生活健康，就不要吸烟。运动和健康饮食是最值得推荐的。

# 357 过多地日光浴会损害你的器官

这一主题的多个版本数年间通过电子邮件到处传播。故事讲的是一个年轻的女人想要在结婚前变得好看，不惜花费重金在日光浴室照射。在那里她被告知，照射时间不可以超过30分钟。但由于她太想在好日子来临之前晒得黑黑的，便在接下来数天每天去不同的日光浴室，并在每个场所灯光下照射尽可能长的时间。不久后，那个女人死了，因为她的内脏受损。

虽然难以核实这个故事的准确性，然而这肯定是一个虚构的故事。

太阳灯辐射出的紫外光只能穿透16毫米的皮肤，完全不足以影响到内脏器官。虽然日光浴（天然日光浴或太阳灯照射）可以引发皮肤癌或损伤眼睛，但它是不会伤害到内脏器官的。

## 358 女孩可以生下
章鱼/鱼/青蛙/蛇/……

几乎每隔一段时间就会在某处出现这样离奇的故事，一个没有发生过性行为的女孩却怀孕了。在20世纪30年代美国流传着这样的故事，一个女孩在游泳时意外和章鱼或青蛙的精子结合并受孕。几个月后那个女孩生下了上面提到的动物。但和其他类似的故事一样，其始终缺乏任何形式的证据作支撑。我们从来没有得到妇科医生或兽医的相关报告。显然，就生物学来说，人类生出另一物种是不可能的。即使青蛙卵达到女性的子宫，它也无法在子宫停留，女性的身体会使其脱落。

## 359 新生儿似乎更像
他们的父亲

每一个来到婴儿床前的访客似乎都要回答这一问题，就是新生儿更像谁：父亲或母亲。

不同于母亲，男人从来没有百分之百确定他们是亲生父亲。所以男人也许会更多地寻找身体的相似之处。进化中也许为了确保父亲能好好照顾孩子，因而使得孩子长得更像父亲。

1995年，《自然》刊登的一项研究似乎支持了这一假说。

这存在一个"漏洞"，后来一个彻底的分析研究发现，该实验出现了一些重要的失误。随后更好的研究结果都表明婴儿跟双亲的相似度是相同的，而且没有一个进化优势。

总之，如果你真的想确保孩子是你的，而不是邮递员的，那么只有一个血液测试可以完全给你答案。

# 360 分娩最好以卧姿进行

妇女在分娩过程中选择的位置越舒服越好。就医生而言，则是站姿最好。

躺下双腿张开抬高的姿势差不多是最坏的选择了。由于要抵消重力的作用，产妇必须更努力地使劲。卧姿会带来更多损害和痛苦，婴儿所获得的氧气则更少。蹲的姿势则带来10%的额外收缩，重力也会帮上忙。但这样的话医生自然需要屈尊……

# 361 孕妇应吃两人的量

孕妇应该为她未出生的孩子摄入更多的营养物质。"一派胡言"，健康专家这么评价。事实上孕妇从第六个月起才需要摄入额外的卡路里，准确地说是200卡路里。相当于一个三明治的热量。比额外的三明治更重要的是，孕妇要膳食均衡，并安排足够的锻炼。

# 362 月经期的妇女 不宜进入厨房

用这个借口来让她们的丈夫每个月做几天饭的女人们：不要让他读到这页！这种说法当然是无稽之谈。

这条规则来源于犹太传统，女人月经代表不干净。女性不仅不得进入厨房，她的丈夫也不能碰她，不能与她同在一张床上睡觉。总之，对经期的女性是尽可能地避讳。

基督教也流传这个传统。毕竟是亚当和夏娃的过错，以至于人类需要异性性交才能生育。如果夏娃没有引诱亚当，上帝将会为他们创造孩子。

## 363 自然分娩强化
母亲与孩子的纽带

这个理论的主要倡导者是出生于法国的产科专家米歇尔·奥当（Michel Odent）。奥当声称，女人需要经历自然分娩的过程来和孩子获得一个好的纽带。剖腹产或硬膜外麻醉分娩则无法分泌出帮助母亲与孩子建立良好纽带的激素，他这样说。奥当倡导的这一理论实在没有证据的支撑，他也有很多医学界同行对此表示异议。此外奥当仍有其他关于分娩的有争议的观点。当他指出男人在他们的孩子出生时不应该出现在现场，这引起了轻微的媒体风暴。

## 364 服用了抗生素，
就不应该喝酒

科学研究显示，酒精对大多数类型抗生素的治愈过程没有影响。有一些药物的药效可能因为饮酒而降低，但也有可能增加。

## 365 古典音乐让你的
宝宝更聪明

这个传言起源于20世纪90年代初戈登·肖博士（Gordon Shaw）和弗朗西斯·罗斯彻（Frances Rauscher）的一项实验研究。初步结果表明，一段特定的莫扎特音乐能够改善幼儿的推理能力。这一结论登上了报纸头条，所有莫扎特系列的商品很快摆满了商店的货架，以供望子成龙的家长们选购。但调查的最终结果并没有这样乐观。事实上，古典音乐与儿童智力之间似乎是没有联系的。

## 366 人类是唯一性行为
有快感的动物

我们已知海豚和倭黑猩猩会在自然繁殖周期之外进行性行为。简单地说，它们这样做是为了好玩。性行为在倭黑猩猩社会起着核心作用。倭黑猩猩会避免暴力，通过互相进行性行为解决冲突。也许这就类似因为对纠纷相持不下的国家之间的一种和平谈判？

## 367 孕妇上怀（上腹部大）是女孩，下怀（下腹部大）是男孩

存在几个不同的说法：孕妇腹部隆起过大是女孩，腹部不太突出或下腹部突出为男孩，深色的乳头表明是男孩，你还可以根据上一个宝宝出生月相预测性别。

怀孕期间腹部的膨胀取决于孕妇的身体结构，也和胎儿的位置有关。拥有较强的腹部肌肉或第一次怀孕的女性，会上怀，因为腹部肌肉尚没有那样大的弹性。

第二次怀孕一般会是下怀。深色的乳头是由于荷尔蒙的变化造成的，婴儿出生后即会消失。月亮的位置与整个话题绝对没有任何关系。

---

## 368 女孩一旦来月经，她们的成长期就结束了

这是事实，女孩们第一次来例假后，她们的迅速成长期就结束了。这是因为体内生长激素的量在那个时候开始减小。男生则是几年后才开始发育。一旦女孩们出现月经，她们平均还会长高大约六厘米，只是没有之前的生长期那么快了。

从进化生物学角度来看，这是很合乎逻辑的。月经是女孩可以生育的一个迹象。虽然现在看来几乎是不可想象的，但我们的祖先在这个年龄段就开始生育了。年轻女性的身体会在那一阶段开始将额外的能量尽可能多地投放在胎儿身上，而不是自己的身体。

# 369 处女膜
## 是关闭阴道的膜

"处女膜"这个名字其实很不恰当。处女膜其实不是一层膜，无法关闭阴道。如果它是一层真正的膜，经血就无法流出来了。处女膜是位于阴道口的薄膜组织。只有很少情况下它会将阴道封闭上。这是一个需要靠手术解决的医学问题。

也有女孩出生即没有处女膜的情况。在一些文化里，少女结婚前要检查其处女膜是否依然完好无损。没有处女膜被认为是性活跃的标志，会给这个女孩带来特别麻烦的后果，从羞辱到体罚等等。

# 370 棕色啤酒
## 对哺乳的妇女有好处

妇女在母乳喂养期间不能喝棕色啤酒有两个原因。主要的原因是棕色啤酒含有酒精，其中一部分会随哺乳进入婴儿的血液中。荷兰健康委员会建议母乳喂养期间不能饮酒，因为目前尚不清楚多少量的酒精是安全的。如果你一定要喝一杯，最好是在饮后的三个小时内都不要进行母乳喂养或挤出乳汁。第二个原因是棕色啤酒对母乳生产过程没有任何作用。啤酒中维生素B刺激产奶的说法经研究后证明不属实。棕色啤酒和酒精饮料有益的唯一理由是让妈妈更轻松。

## 371 尼古丁含量少的香烟对健康的危害小

事实正相反！经常有人通过更多地吸轻量香烟来获取他每日所需的尼古丁剂量。或者，他会吸得更深、更频繁。此外，轻量香烟中含有更多的一氧化碳，因此它们对健康的危害比普通香烟更大。

尽管主要是香烟的其他物质导致癌症，但有研究表明，尼古丁会促成癌症的发生。不管是轻量香烟或普通香烟，每支香烟都是不健康的。

## 372 每喝一杯酒，就会有成千上万的脑细胞死亡

这是一个遏制青少年派对的有效威慑手段。尽管有些家长可能不爱听，但这种说法确实错了。但是，派对动物们不要高兴得太早。虽然经常饮酒不会对大脑产生不利影响，但过度饮酒会严重损伤你的身体。

## 373 站着排尿会引起前列腺问题

人们常常说，男人坐着小便更好，因为坐姿下输尿管对前列腺的压力较小，这将防止前列腺问题的出现，或至少起到延缓作用。鲁汶大学医院（UZ）泌尿外科诊所负责人盖·伊博格特（Guy Bogaert）教授认为，这实在没有科学依据，在其背后可能有家庭主妇的宣传攻势！

## 374 抗生素可以治疗流感

抗生素是对抗细菌的药物。流感——像其他上呼吸道的感染，如感冒，是由病毒引起的。因而服用抗生素是没有用的。服用抗生素的病人几天后痊愈了，于是归功于抗生素的治疗效果，但这是完全没有道理的。他们不用抗生素也能痊愈：这是一个自然痊愈过程。对抗病毒最好的办法是好好休息，让你的身体来解决敌人。

## 375 芦荟是有奇效的

这个植物被作为原料加入了很多产品，并被誉为有利于健康的植物。这种神奇的植物可以治疗粉刺、支气管炎、慢性疲劳、痔疮，甚至可以治愈糖尿病和癌症。

芦荟胶可能确实可以愈合表面的伤口，但前提是凝胶必须是非常新鲜的。你需要将芦荟栽在家里。当它已被处理为软膏剂或乳膏剂时，它的治愈能力早已丧失。所有附加给芦荟的其他功效从来没有被科学证实。

再有就是芦荟的果汁，是一种较强的通便产品。长期饮用的人或动物有可能患上大肠癌。

## 376 在飞机上喝醉的速度比地面上快三倍

根据这种说法飞机上的一杯酒抵过地面上三杯。在飞机机舱里压力比海平面的空气压力要低。因此大脑获得的氧气要少，这样你就会醉得快一点。但这里的"快一点"是几乎无法察觉的。你不会因为在高空就更醉，而会醉得稍快，但肯定不是快三倍。

## 377 酒精会减少你的血糖

可惜的是这个谎言经常被告知给糖尿病患者。现在对于患有糖尿病的人来说，喝点小酒没有坏处了。

然而，需要控制酒精摄入量，因为酒精饮料含糖，会使血糖上升。此外，这种糖提供低卡路里，即不包含维生素和矿物质的卡路里。这样就加倍不健康了。

# 378 在寒冷的气候里酒精会给你带来温暖

12月一个寒冷的冬日，村里广场上的圣诞节集市。各个摊位之间有木材燃烧的火堆来温暖你。没找到火边位置的人就会喝杜松子酒或热葡萄酒，因为这样你也能得到温暖。至少我们是这样认为的。热葡萄酒有一定的帮助，但主要是因为你喝的葡萄酒是热的这个事实。

冷酒不会帮助你的身体保暖，事实正相反，酒精会加速体温下降，增加体温过低的可能性。换句话说，饮酒具有相反的作用：非但不会让你保温，反而会让你更快降温（参见谎言133"圣伯纳犬的脖子上带着威士忌小酒桶在山上巡逻"）。

温牛奶、巧克力、汤、肉汤、咖啡或茶是冬天更好的"暖品"。酒精（例如掺水烈酒）也不会有助于防止感冒，恰恰相反，它会阻碍你的身体来解决感染问题。

# 379 接种疫苗会让你生病

虽然疫苗往往含有衰弱或（部分含）死亡的病原体，但是它们的设计基本能保证不会让你因此而生病。病原体会造成免疫反应，期间会产生记忆细胞。当人体之后接触到病毒时，可以快速并有效地对病毒作出反应。你可能承受一点点发热或其他较轻症状，但疾病本身会给你带来更大的麻烦。只有免疫系统减弱的人才会因为注射了疫苗而生病，因为他们的身体甚至无法抵抗减弱的病原体。

然而，疫苗接种不能提供完全的保护，有可能一个接种过疫苗的人最终仍然会患上这种疾病。接种疫苗的目的是减少染病的机会，同样包括未接种的人群。没有接种疫苗的人受到周边接种过疫苗的人群的保护，这种现象也被称为群体免疫力。

真理的旅行是不用入境证的，
但是，真理还在穿鞋时候，
谎言已跑了大半个世界。

—— 约里奥·居里

• Frédéric Joliot-Curie •

# 阴谋论

## 380 无人登上过月球

很多人都不相信人类登上过月球：百分之六的美国人和百分之二十五的英国人认为登月只是弥天大谎。然而关于这个阴谋的所有争论都在弱化。最确凿的证据是冷战期间美国最强的对手苏联提供的：苏联人多次提出美国人有欺骗行为，登月事件根本就没有发生。

对此，我们可以选用一个辩驳绝大多数阴谋的论点，即大部分人都知道这个阴谋，而且大部分人都懒得去保守秘密。在登月这个问题上，这种推论是可信的。前后共有四十万人参与其中。如果登月真是一个谎言的话，那么你就要期待长久以来有人没能管住自己的嘴了。

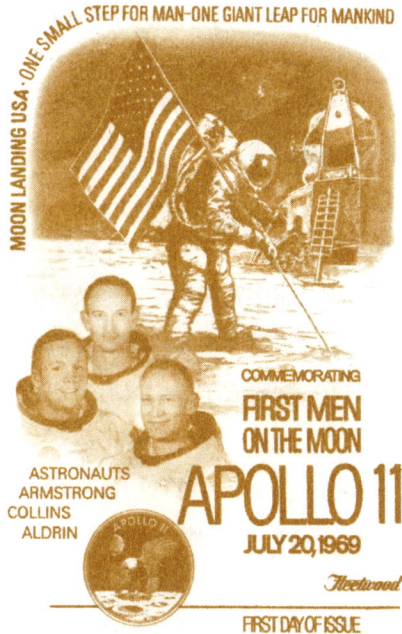

## 381 9·11事件是美国政府制造的

事实上这仅是围绕着2001年9·11恐怖袭击的阴谋理论之一。基于该理论，很多美国人心中都带有不信任感，他们中很多人仍不相信恐怖分子在自己的国家做了这样的事。因此他们推测，"一定是美国政府在后台操纵的"。

现今还未有任何9·11事件阴谋论的相关可靠证据，很多相关理论也都被驳倒。然而阴谋论的支持者在9·11真相运动中团结一致，并发表演说表示美国政府为达到军事目的而设计了这一阴谋。

互联网上总是有丰富的信息来源，但有时也会蒙蔽我们的大脑。也许美国政府真的能力很强，但是要说它因此而摧毁一座标志性的建筑并牺牲数千人的性命，这似乎太过了。

## 382 制药行业用飞机尾气来毒害我们

这是一个来自比利时内部的阴谋论。彼得·弗瑞克（Peter Vereecke），艾弗海姆（Evergem）的前任市长宣称飞机飞过留下的白色烟雾尾气就是为了毒害大家。但流言没有就此停止：按照他的说法，疫苗的作用就是为了让我们生病。

根据气象学家的说法，这个有关于烟雾的假想是不太可能的。但是弗瑞克的可信力降低也有其他原因。例如他把矛头指向其他组织。一开始他把罪责指向一个秘密组织"光照派"（Illuminati），一个连政界重量级人物贝拉克·奥巴马，西尔维奥·贝卢斯科尼都在它领导下的组织。之后他把目光对准了制药行业。弗瑞克剩余的仅有的一点可信度在2012年的时候丧失了：由于他的非理性交易，法官对他进行了精神鉴定。最终2012年底弗瑞克宣称自己已无意继续争论，并移居国外。

# 383 数字 π 包含秘密信息

在数字痴迷者中间流行着这样一个爱好：寻找无限小数 π 的编码信息。通过把数字转换到字母的方式，你可以在小数位中发现类似"上帝存在"这种句子。据数学家的数据统计，每一行数字都曾在 π 的小数位中出现。这也就意味着句子"上帝不存在"也会在数字列中偶然出现，就像出现在哈姆雷特全文或今天的报纸中一样。如果你探寻的时间够久内容够多，并能正确运用加密钥匙，那么你也可以人工破译"阴谋论构思"。

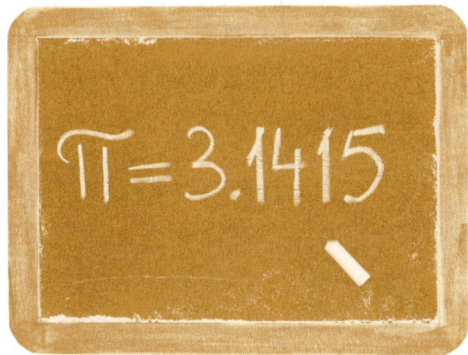

# 384 地球温室效应 是骗局

尽管大多数的科学出版物都表明地球变暖的主要原因是人类活动，但是仍有很多人认为人类造成气候变暖这一说法是一个谎言。政府可能以气候变暖的方式来提高税收并增加其权威性。对此怀疑论者引用了这样两个证据：2011年来全球气温的降低和1998年来全球气温变暖的总体扁平化趋势。这些怀疑论者的研究经费来自一家美国保守派智库机构：其中心研究区域位于芝加哥，资助人主要都是亿万石油富翁。

幸好也有例外情况，例如理查德·穆勒（Richard Muller）教授（物理学家和之前的全球变暖反对者）。他在2012年7月宣布：在大量调查结果的基础上，可以肯定的是在过去几十年里地球出现明显变暖这一趋势很有可能是人类活动的结果。

# 385 艾滋病毒
## 是在实验室中制造的

很多人认为艾滋病毒是世界卫生组织（WHO）于1974年在实验室中制造出来的。这些人的想法更多是立足于威廉·坎贝尔·道格拉斯（William Campbell Douglass）博士的理论。据他介绍，世界卫生组织制造了一个致命性的病毒并在非洲做了成功的测试。该病毒用来杀死尽可能多的非洲人从而使美国人更容易得到在军火业备受青睐的特殊金属。

另有人认为艾滋病毒也有可能是由美国中央情报局或苏联克格勃制造，以此来限制世界人口数量。

科学家们都认为大约早在1969年时艾滋病毒就已经进入了美国，很有可能是由一个海地移民者带入。直到1982年这种病才被命名为"艾滋病"，而那时已有成千上万名艾滋病病毒携带者了。

# 386 2004年印度洋海啸
## 是由核试验造成的

穆斯林世界的普遍观点是：2004年在印度洋发生的大海啸是由印度进行核试验造成的，该试验有以色列和美国核武器专家参与。

在与邻国巴基斯坦的武器竞争中，印度从以色列和美国方面购买了核技术以此削减世界人口数量。

然而向任意一名地震学家询问海啸的起因时，他都会把原因归结于一个因海床移动几十米而造成的海底地震，其中矩震级为9.3（非里氏量度标准，详见谎言262）。震后格局显示，海啸时曾有超过1000公里长的断裂线在移动。海底地震造成的滔天巨浪达到了900公里/小时并且海啸到达的地方，海浪高达10米。

# 387 威廉·莎士比亚
### 甚至不会写他自己的名字

难道莎士比亚这位被誉为有史以来最伟大作家之一的作品都不是自己写的?

据某些理论家所言,只有很少的证据表明威廉·莎士比亚(1564～1616)是其名下作品的创作者。甚至有人说这位伟大的作家其实连自己的名字都不会写。

莎士比亚作品的代笔人很有可能是弗朗西斯·培根(伊丽莎白时期的散文家、政治家)、克里斯托弗·马洛、威廉·斯坦利和爱德华·德维尔。的确,虽然关于莎士比亚我们还有很多未知的,但是这不能说明他就是冒名顶替者。

# 388 英国秘密情报局
### 谋杀了戴安娜王妃

该理论指出英国秘密情报局的某特定成员谋划了此案,并认为戴安娜和她的男友迪·法耶德(Dodi Al-Fayed)的关系是对君主立宪制(整个英国)的一个威胁。于是一个阴谋诞生了,戴安娜王妃的司机被派去的军官弄晕眩并失去方向感,这一幕也刚好被摄影师捕捉到。之后司机的血液与一个醉酒人的血液被调包了。

铺天盖地的谣言甚至迫使官方专门进行了正式调查。但调查仍没有找到任何支持该阴谋论的证据。

# 389

## 1947 年飞碟坠毁于罗斯威尔

1947年一个不明飞行物坠毁于美国新墨西哥州罗斯威尔地区的沙漠地带。对此美军反应紧张并不断对此变换说法。于是猜测纷至沓来——美军可能在相关现场发现一艘飞船并对一些外星人尸体进行了解剖。让猜测更扑朔迷离的是前殡仪承办人格伦·丹尼斯（Glen Dennis）在1989年解释当时确有外星人尸体解剖。

而先前相信不明飞行物存在的人在90年代末指出，坠毁的飞碟是一个秘密军事项目的一部分，而且极有可能是一种气象球。这种说法也就解释了美军当时的紧张反应。正如你所预料的，美军现今仍未对这两个假说进行证实。

# 390

## 外星人将向地球传送知识

"披露项目"是一个由史蒂芬·格里尔（Steven Greer）始建于1992年的研究项目，它旨在披露美国政府隐瞒的有关不明飞行物的信息。格里尔表示外星人曾和他取得联系并带来好消息：来自不同星球的外星人正朝着地球前进，并将给地球带来科学、医学和文化知识。至于外星人到底会什么时候抵达地球，格里尔对此却没有提及。

# 391 奥萨马·本·拉登没有死，他现在还住在美国

在国家头号公敌本·拉登死亡的消息公布后阴谋论却没有随之远离，特别是在白宫拒绝向外发布本·拉登尸体照片的情况后。报道称尸体照片确实存在，但是相当可怕：本拉登的整个前额受到枪击，整个大脑都暴露在外。美国政府决定不公开这些照片，美国总统也表示这些照片的公布就好比在一个被击败的人身上再踢上一脚一样。

在缺乏图像资料的情况下，人们很容易认为这是个阴谋。据阴谋论阐述，看过并描述过这些照片的政客也参与了阴谋的一部分。但如果本·拉登还活着，那么他又在哪儿呢？阴谋论者认为我们不能在托拉博拉山区找到他。他可能藏在你最意想不到的地方：美利坚合众国！

# 392 沉没的亚特兰蒂斯城（Atlantis）确实存在过

此神话起源于一场由柏拉图发起的有关理想社会的道德讨论。

这位希腊哲学家谈及，在9000年前雅典和亚特兰蒂斯正要展开一场大战。于是大量不同作家受到这个故事的启发并把有关亚特兰蒂斯的神话发展为现今文化的一部分。

对于柏拉图而言，亚特兰蒂斯的故事很有可能只是为了传达一种道德思想，毕竟柏拉图本身不是历史学家，而是一位哲学家。另外，9000年前雅典都还不存在。

人们把大量不同遗址跟沉没的岛屿联系在一起，但是这看起来更像是一个把媒体注意力转向出土文物的策略。

因此沉没的亚特兰蒂斯只是一个以故事方式引导人们生活的很好例子而已。

## 393 一个吞噬行星的尘埃云会在2014年到达太阳系

该世界末日预言称，2014年6月1日将会有一个直径为一千六百万千米长的尘埃云到达太阳系。它会吞噬掉沿途的所有物质，包括行星。美国航空航天局并未在其网站公布该消息，他们的解释是不想引起民众的恐慌：永恒的阴谋原则。

虽然科学家们否认这类尘埃云的存在，但谁又能保证这些科学家不是被美国航空航天局所掌控的呢？

## 394 麦田怪圈是外星人的作品

麦田上的几何形状相当美丽复杂，但它们也只是人为制造出来的。其实制造麦田怪圈不需要很多东西，只要一些木板和绳子就够了，当然还需要一些创造力和空间意识。可是这点并不能阻止人们对该现象产生多种多样的联想：外星人，等离子体漩涡，电磁点源等等。

有兴趣想自己创造一下麦田怪圈的人可以去You Tube上找有关其制作的讲解视频。

## 395 美国让众多拉美国家领导人罹患癌症

最近去世的委内瑞拉总统乌戈·查韦斯怀疑美国政府和他的患癌有一定关系。拉美地区的很多国家首脑都得了该病，这不可能是一个巧合。同时费尔南多·卢戈也（巴拉圭），迪尔玛·罗塞夫和前领导人卢拉·达席尔瓦（巴西），以及克里斯蒂娜·基什内尔总统（阿根廷）也得了这种致命的疾病。查韦斯在一次发言中说道，"这极有可能是美国在无人知晓的情况下研发出了一种癌症诱发技术"。

# 396 图坦卡蒙墓的诅咒

年轻的图坦卡蒙法老——他死时只有19岁——的陵墓上写着这样一段话："谁扰乱了这位法老的安宁，'死神之翼'将在他头上降临。"霍华德·卡特（Howard Carter）探险的赞助者卡纳冯勋爵（Lord Carnarvon）在发现该墓的六周后死去，而其他探险的同行者也相继死亡，于是神话诞生了。然而人们还从未在墓穴中找到过灵魂。

---

# 397 百慕大三角的黑暗内幕

火星人、不明飞行物、其他空间维度，来自亚特兰蒂斯的旧机械、海怪：这些都是用来解释在百慕大三角中船舶和飞机消失现象的一部分猜想。

科学家们的怀疑在2010年被证实：海底偶尔会释放甲烷气化物到海的表面。水因该巨大气泡的作用无法承戴船舶，导致船舶沉没。同样，有时大气泡也会导致飞机升力受干扰或者引擎着火。因此船舶和飞机在百慕大三角消失只是一个自然现象导致的。

# 398 存在免费能源

据某些传闻称，产生免费能源的技术已经存在几十年之久了，但是一些石油和天然气跨国公司为了保护其利益而雪藏了该技术。

通常可再生能源的来源大致分为两类：一类是根据已认可的物理学规律，能源来源是不可行的，例如永动机和零点能源；另一类能源来源在理论上是可行的，但是还未被科学家所证实，例如冷聚变。

不管怎样，免费能源至今仍是不存在的。

# 谎言是暴力之母。

—— 甘地

• Mahatma Gandhi •

# 宗 教

## 399 基督复临组织尝试用遗物中的DNA来克隆耶稣

根据神话，该宗教组织可能使用耶稣在地球上的各种遗物——血液、头发、皮肤——来克隆耶稣。

甚至如果我们把这件事当真的话，我们可以提出一些严肃的问题。大部分，甚至说所有的遗物都来历不明，不能认定属于耶稣。

## 400 一条教令就是一个死亡宣判

现实中伊斯兰教逊尼派存在一条教令根据伊斯兰法不具约束力的宗教观点。教令也可视为具有约束力，这依个人和伊斯兰学者之间的关系而定。因为教令是单纯的意见，所以它们可能互相矛盾。另外，个体穆斯林可以自己选择去遵循哪个教令。

## 401 在埃及，婚姻在一方死亡6小时后才解除

2012年4月埃及国家报 *Al Aram* 发布消息：埃及表决出台新法案，在婚姻中死者伴侣仍可以与其尸体发生性关系，因为死者死后六小时内双方的婚姻仍有效。该消息传遍世界并引起世界惊恐。据悉，宣布这一消息的埃及记者阿卜杜勒·阿姆鲁引用了2011年5月一个摩洛哥神职人员提出的话题，并应用到自己的话题里。该摩洛哥神职人员也提出过其他话题。例如，他宣称妇女在怀孕期间可以任意喝酒———一个在穆斯林世界里相当奇怪的说法。

## 402 以色列人
在埃及为奴

我们从以色列人留下的详尽文件资料中知道了很多有关埃及人的信息。但没有任何资料提到奴隶或十灾。同时也没有任何考古资料显示数百万希伯来人居住在埃及或沙漠。此外，数以百万计的奴隶逃亡很有可能摧毁埃及经济，然而在这个假定的逃亡时期埃及的经济却在蓬勃发展。

## 403 最早的人类
跟恐龙生活在一起

狂热的宗教分子——尤其在美国，当然也在世界其他地方——只理解《圣经》的字面意思，声称地球只有六千年历史。这也意味着恐龙曾和人类一起居住在地球上。

大量铺天盖地的古生物证据讲述了另外一个故事：恐龙在六千五百万年前就已灭绝，而人类是在六百万年前才出现的。

## 404 圣灵恩惠，
使圣母玛利亚无染原罪

这是个非天主教中流传的误解。无染原罪不是指圣母玛利亚的童贞，而是指她对原罪不承担责任这一事实。

至于圣母玛利亚是如何受孕生下耶稣的，目前还不清楚。天主教会有规定圣母玛利亚童贞的教条，这也意味着圣母玛利亚怀孕时未受原罪。

## 405 马丁·路德把他的95条论纲
钉在一个教堂的门上

据说，马丁·路德为反抗天主教会而把他的"95条论纲"钉在维滕贝格城堡教堂的门上来使大家都可以读到他的论点。而实际上是，他在1517年把所有写的这些论纲补充到一封信里。在信里他谴责出售赎罪券。而且大多数历史学家都相当肯定，钉论纲到门上只是一个被戏剧化的民间故事。

# 406 夏娃是亚当的 第一任妻子

这个说法起源于关于《圣经·创世纪》的一个再创作故事。再创作的故事中暗示亚当在夏娃之前已经有了一位妻子，莉莉丝。与夏娃一样，莉莉丝也是被亚当制造出来带到地球上的。但与夏娃不同的是，莉莉丝不愿意屈服于亚当，她追求平等的权利。亚当拒绝这个请求，于是莉莉丝就离开了。即使当上帝派天使把她带回亚当身边，莉莉丝仍立场坚定地坚持女权运动，不肯回到亚当身边。

这也可以理解，因为在男性控制的天主教会，男性肯定会选择愿意屈服的夏娃。

# 407 夏娃在伊甸园 吃了一个苹果

《圣经》中根本没提到夏娃吃了一个苹果，而只是说吃了树上的"一种水果"。

《圣经》上的内容常常很可能由于翻译错误而导致误解。

# 408 圣经中存在一个隐藏代码

记者迈可·卓思宁（Michael Drosnin）借助计算机程序发现了圣经密码。该程序会查找等距字母数列，并组成新的单词。而这些字母的排列位置如何（对角，从右到左且反之亦然，从下到上）并无影响。

现在你总是可以从圣经中找到很多的字母来组成包含特定信息的新单词。例如，在《白鲸记》（Moby Dick）中你可以发现故去的戴安娜王妃的信息，又比如说唱歌手"香草冰"（Vanilla Ice）的文集中包含着9·11袭击事件的警告。你想发现的越多，你就会找到越多隐藏的信息。现在我们还没有谈论过本书中的隐藏信息。

# 409 教皇必须是神父

这个说法很疯狂，但不是必须的。那时除了女性之外，任何候选人都可以向教皇办公室申请成为教皇。据传闻，在9世纪的时候一位（女扮男装）女性在罗马教廷当值，据资料显示她是女教皇约翰娜·安吉利卡斯（Johannes Anglicus），抑或称为若望八世（Johannes VIII）。然而当时她怀上了一个仆人的孩子并在教皇行列过程中生产孩子，于是她功亏一篑。

源于该故事，自那时起所有的教皇即位时必须先坐在一张有个洞的椅子上。然后会有教士过来检查他是否是男性，通过后便会呼唤"Habet"（他有），而其他人便会回答"Deo gratias"（感谢上主）。最近的研究表明，这个美丽的故事只是中世纪很多反教皇的传说之一。

## 410 我们庆祝12月25日的圣诞节是因为那天耶稣诞生

圣诞节在12月25日是因为这天是罗马神密特拉斯（Mithras，也就是古代波斯神密特拉）的诞辰。没有人知道耶稣具体哪天诞生。伊斯兰教认为耶稣是夏天生的，同时耶和华见证人认为耶稣诞辰是10月1日。

## 411 来卢尔德朝圣会让你的疾病痊愈

每年有500万人来到这个法国朝圣之城，希望自己可以得以治愈或者病情得到好转。按照这个数量统计，则已有2亿朝圣者来到卢尔德了，但只有百分之0.0000335的人病情真正转好，也就是300万分之一的概率，仅比彩票中头奖的概率高了那么一点点。

相反，卢尔德之旅可以说是危险的，因为这里有大量的病人聚集，于是它反而变成了病毒和细菌滋生的理想之处。

## 412 印度女人头上的红点表明其婚姻状况

在印度语中该红点被称为bindi（"吉祥痣"），但是这并不能表示一个女性是否已结婚。它是一种传统的装饰佩戴，因为印度教徒相信这个红点会保佑女性和她的伴侣。现今"吉祥痣"只具备单纯的一个审美功能。

## 413 禁欲是为了保持贞操

禁欲主义思潮恰好是在4世纪的时候开始的。在此之前，天主教神父可以结婚生子。11世纪末的时候禁欲主义被强加给每个人。缘由是纯粹的经济问题。如果主教和神父有孩子的话，他们有可能把教会的财产私自拿给自己的孩子。因此多亏了禁欲条款，教会的财产才能紧紧握在教会手中。显然人们也想出了其他理由来掩盖最初的经济目的。

## 414 最大的耶稣雕像 矗立在里约

矗立在巴西里约热内卢的科尔科瓦山的耶稣雕像令人印象深刻。该雕像高38米，比玻利维亚科恰班巴的34米高的耶稣雕像稍大。然而该纪录却被2010年建于波兰的斯沃博津小镇（距法兰克福70千米）的耶稣雕像打破。该新建雕像头顶的王冠就达3米高，因此总高达58米。对此当地居民并不满意，并指责制造者妄自尊大。但是他们又希望雕像可以吸引来更多游客。

## 415 防弹车有防弹玻璃

子弹无法穿透的玻璃是不存在的。与其说防弹车，其实更确切地说是防弹玻璃。它有十厘米厚，表面覆盖着清晰的乙烯树脂。现在也存在一种单边的防弹玻璃。保护方式取决于其玻璃层的构成方式。

## 416 佛陀是一个 笑口常开的胖子

很多人家里都会有一尊佛陀像：一个笑口常开的胖子。但是，这并不是历史中的佛陀。这个笑口常开的佛陀是中国10世纪的一个名为"布袋和尚"的民间英雄。在中国佛教文化里，"布袋"尊为弥勒佛的化身，在历史上佛陀的教诲被遗忘后变成佛祖使佛教重新发扬光大——可以说是佛教的一类救世主。

## 417 撒旦是 地狱之王

统治地狱的惯例来自希腊神哈迪斯（Hades）。哈迪斯坐在地狱的宝座上，就像他的哥哥宙斯（Zeus）坐在奥林匹克的宝座上一样。但这一切都无法在《圣经》中找到。根据《圣经》，撒旦一直在人间并做着消灭人类的坏事。

# 418

## 圣经十诫

当你研究《圣经》时，你会在《出埃及记》20章和《申命记》5章中找到十诫内容。诫命的确切数量一直是讨论的话题。因文字翻译方式的不同，诫命可能有10, 13, 19或613条。这是在《出埃及记》中的内容：

- 不可信仰耶和华以外的神。
- 不可为自己雕刻偶像。
- 不可跪拜或侍奉那些像。
- 不可妄称耶和华之名。
- 当纪念安息日，守为圣日。
- 六日劳碌工作。
- 第七日纪念圣日：不可工作。
- 当孝敬父母。
- 不可杀人。
- 不可奸淫。
- 不可偷盗。
- 不可作假见证陷害人。
- 不可贪夺邻人的房屋。

之后还有诫命告诉人们不应贪图邻人的六样东西，包括牛、驴和仆人等。这些可以算作六个独立的诫命。

除此之外，诫命后面仍有三页事例说明："如果一头公牛伤害了一个男人或者女人然后他们死了，那么这头牛肯定要被砸死"，"女巫不能活命"，"你每年3次举办宴会来保持我的荣耀"和"不可欺压寄居者"。

上帝在《圣经》第三卷《利未记》中对每个可想象的话题给予了诫命：禁止吃骆驼、野兔、鹰、秃鹫、天鹅、黄鼠狼或蝙蝠。同性恋、巫师和通奸者都应被杀。除此之外，还有很多很多。

正统犹太教中《圣经》共有613条诫命，其中248条是以"你要"开头的，另外365条是以"不可"开头的。

# 419

## 圣杯有神奇的力量

圣杯是耶稣在最后晚餐上使用的杯子，最后变成了遗失的宝藏。即使在印第安纳·琼斯（Indiana Jones）的电影中人们认为传说中圣杯所盛的水有使人长生不老和治愈枪伤的奇特功效，但我们仍觉得这种神奇的力量有待商榷。

当你尝试在《圣经》中找有关这个魔力圣杯的故事时，你找不到任何线索。尽管《圣经》中确实指出耶稣在最后晚餐中使用了一个杯子，但是杯子也并未比其他任何事物更吸引人们的眼球。因此你也可以说当时的桌子、椅子、菜单、剩菜或小费等这些东西是神圣的。

这个圣杯最早是在亚瑟王传说中出现的。但当亚瑟王带领军队寻找圣杯时，他们并未找到，找到的只是一只具有魔力的壶。法国诗人克雷蒂安·德特鲁瓦（Chretien de Troyes）把亚瑟王传说重新诠释为一段寻找圣杯的奇幻之旅，对他而言主要目的不在于杯子，而是一个看起来像餐盘的极美丽的东西。

另一个诗人罗伯特·德·伯伦（Robert de Boron）更是把耶稣圣杯的故事刻画得栩栩如生。据他（完全虚构）的杰作《阿里玛西亚的约瑟夫》（Joseph d'Arimathe）所述，亚利马太约瑟夫（Jozef van Arimathea）用圣杯装耶稣被钉在十字架后所流的血和汗。圣杯的拥有权将给他带来力量使他长生不老。之后他把杯子带到英国去了。这不仅仅是第一次把杯子作为耶稣圣杯来描述，而且也透露了为什么我们会在英格兰找以色列餐具的原因。

# 420 购买赎罪券
## 是得到宽恕的一种方式

天主教会说当一个人犯下罪过，会有两种惩罚形式：永恒的（地狱）和暂时的（生时在人间接受惩罚，或死后炼狱），为了避免地狱的永恒惩罚，信徒应该承认其罪行并以此得到宽恕。然而暂时的惩罚却不是这样的。人们可以通过赎罪券的方式来摆脱暂时的惩罚。如果这个人行善或朗读祷告词，那么这也是一种摆脱暂时惩罚的特殊祈福形式。但是在宗教强大并盲目的中世纪，人们认为花额外的钱来购买赎罪券是一种最佳方式。于是在那时教会有很多可观的额外收入，而这种炼狱之火的威胁显然是为了让论点更有信服力的方式。同时，你也可以用钱买在天堂幸福生活的保证，这样一来，教会的钱包更鼓了。

# 421 反基督者即是耶稣对立者

在谷歌里输入"Is Obama the"（奥巴马是？），你的浏览器会立即显示查询"Is Obama the Antichtist?"（奥巴马是反基督吗？），如果互联网在罗纳德·里根（Ronald Reagan）时代就存在的话，那么你以同样的方式搜索也能得到同样的结果。（戈尔·巴乔夫亦然）

因此人们都在等待着有人可以来应验古圣经的预言：一个极具魅力的领导人欺骗全世界，掠夺权力，进行全球性的集权统治，并（最终）引起启示（《圣经新约》）。

《圣经》中只提到过四次反基督，并且每次的描述方式都相同。在《圣约翰启示录》中出现了众多反基督，但似乎没有一个是人类：他们都是龙或者其他怪物。在中世纪的时候反基督才第一次以人的身份被刻画，而不再是一个多头巨型怪物。

真理从不是你想的那样。

—— 约翰·克鲁伊夫

· Johan Cruijff ·

# 体育和娱乐

## 422 希腊罗马式摔跤（又称"古典式摔跤"）是古代的一门学科

希腊罗马式摔跤既不是希腊人发明的，也不是罗马人发明的，它是一种古代自由式摔跤风格的替代。希腊罗马式摔跤是从19世纪法国摔跤表演中衍生过来的。发展这种风格的人有可能是前军人Jean Exbrayat。意大利摔跤选手Basilio Bartoletti给它命名为希腊罗马式摔跤，以强调古老价值观的重要性。

这两种摔跤风格的最主要区别是在希腊罗马式摔跤中不允许用脚使绊；而在自由式摔跤风格中一切都是被允许的。

## 423 当希特勒在1936年不得不把奖牌授予非裔美国人杰西·欧文斯（Jesse Owens）时他笑不出来

这个故事非常符合希特勒的形象，但是这并不完全是对的。当欧文斯获得一枚金牌，希特勒拒绝和他握手。但是希特勒也只是握了握德国运动员的手，并没有同其他白人运动员握手。据欧文斯所言，希特勒曾亲自送他一个礼物：一个有他自己照片的相框。而相比于这个不错的礼物，美国总统罗斯福却没做什么：既没有在白宫接待欧文斯也没有表示任何敬仰之情，而只有对为种族分裂严重的祖国赢得荣耀的黑人运动员的侮辱。一直到1955年，欧文斯才从艾森豪威尔总统那里得到他应有的荣耀。

## 424 运动前做伸展运动是有益的

肌肉的虚弱和疲惫很容易使身体受伤，而以正确的方式进行拉伸可以降低运动受伤概率。拉伸通过更大范围的运动偏差来提高肌肉和关节的灵活性。拉伸是灵活性高的运动热身过程的一部分，可以改善运动表现。

对于类似短跑冲刺这类爆发性运动，伸展运动是不可取的，因为这会导致暂时的力量丧失。对类似慢跑和骑车这种需要极短时间伸展周期的运动而言，伸展运动对受伤概率没有任何影响，反而会对运动表现有消极影响。

---

## 425 自行车手因空气动力学而刮光腿毛

刮光腿毛对骑自行车没有任何空气动力学优势。而游泳者则不然，他们刮光腿毛在水里游泳速度可以快2%。自行车手刮光腿毛主要是为了更容易清洁伤口，也是为了减少处理绷带时的疼痛。自行车手刮光腿毛也有利于按摩双腿。毕竟撕拉腿毛肯定是不愉快的。

## 426 如果你没流汗，说明你运动强度不够

高强度的运动也可以不出汗。身体出汗的目的是降温：皮肤上汗液的蒸发带走身体的热量。通过这种方式你的身体冷却下来使你避免危险的过热。如果你的体温不变高，例如天气太冷了，你也就不需要出汗。另外不同的人出汗情况不同，有人出汗要快些。因此比较运动衫上的潮湿汗点来看运动强度是没有意义的。

# 427 金牌是黄金做的

试想一下如果奥运会上的所有金牌都是黄金做的，那么奥委会将花费一大笔钱。上一次完全由黄金制成的金牌出现在1912年斯德哥尔摩奥运会上。而现在冠军获得的金牌都是外表包着一层薄金的大银章。根据规则，金牌必须包含至少六克黄金。

当然也有例外。一个荷兰滑冰比赛（"NS Hispeed Goldrush"）的冠军获得了含400克黄金的纯金金牌，价值近万欧元。

# 428 高强度的体育活动会刺伤你的脾脏

在高强度的体育活动中，你的身体需要更多的氧气。脾脏在血细胞的产生和降解过程中起到了重要作用，它会通过收缩来满足额外的红细胞的需求。然而还未有确凿证据能证实这一理论。以下是可供参考的几种可信的理论：脾脏一侧的刺伤是由肠道内空气的积聚或器官在腹膜中的压力引起的。这些假设现在都尚未得到证实。因此脾脏刺伤的确切病因至今不明。

# 429 你可以在跳伞时轻松闲聊

在你看过的电影中，如《惊爆点》（*Point Break*）和《剖面》（*Cutaway*），你可以知道在跳伞中是不可以讲话的。如果你大喊某人，他/她可能听到一些声音，但是进行一场真正的对话几乎是不可能的。跳伞过程中你周围的风速达200公里每小时，因此你除了能听到飒飒声之外其他几乎都是听不到的。

与詹姆斯·邦德（James Bond）所言相反的是，你在自由下落时根本不能与对方作战。

# 430 Pong是世界上第一个电子游戏

　　电子游戏的诞生要比大多数人想象得都要早。人们把第一个电子游戏命名为Pong，一个以乒乓球为题材的初级游戏。

　　Pong是雅达利（Atari）在1972年发明的游戏，并且是第一个成功的商业电子游戏。但早在20年前，也就是1952年，就已有人推出另一款游戏。它是OXO（井字游戏）并且是在第一台名为EDASAC（电子延迟存储自动计算机）的机器上玩的。它是亚历山大·道格拉斯（Alexander Douglas）在剑桥大学毕业论文中设计的。

---

# 431 所有跳伞人都是以相同速度降落的

　　每个人都是以不同的速度降落的。降落的最大速度取决于人的重量：较重的跳伞者要比较轻的跳伞者降落速度快一点。但是降落物体表面积对降落速度也有影响。表面积越大，摩擦力就越大，降落速度也就因此更慢。较重的人通常会有较大的表面积，他的降落速度也就变慢。最后总的来说跳伞者的降落速度虽然不是那么精确相同，但基本是相同的。一个跳伞者以肚皮朝下的方式下跳的话可以达到的最大降落速度为190公里每小时；以脑袋朝下、手臂顶着身体的方式下跳的话最大速度能达到320公里每小时。因此，降落时身体姿势对降落速度起了决定性的作用。

## 432 比赛前的性生活会影响成绩

教练认为这可能使自己的运动员表现不佳，但是赛前发生性行为会影响比赛这一说法从未得到证实。这个说法也没有任何生理依据。相反却有证据表明，在赛前24小时内有过性行为的男性拥有更高的睾酮水平，有助于其比赛发挥。

不过，运动员处在熟悉的环境里可能表现会更好些。有关数据告诉我们，当一个人尝试新事物时，他有可能受伤。

## 433 冲浪起源于澳大利亚

澳大利亚是真正的冲浪天堂，但不是这项运动的起源地。也有人说起源地是美国加州，因为冲浪运动是在那儿才发展为一种真正的文化。乔治·弗里思（George Freeth），现代冲浪之父，把这项运动从加州带到了他童年的成长地夏威夷。在波利尼西亚，冲浪是日常生活的一部分，冲浪和宗教政治交织在一起，冲浪好的人会受到关注和尊敬。因此想要寻找真正的冲浪文化，你应该去波利尼西亚。

## 434 当你打开降落伞时，你会上升一小段距离

在绝大多数电影中，我们会看到在跳伞者打开降落伞时，他们会上升一小段距离。

然而这是一种错觉。跳伞者在打开降落伞时他的降落速度会变慢，而摄像师却仍以原先的速度降落。于是在跳伞者和摄像师一起降落时，跳伞者会消失在屏幕画面的上方，造成跳伞者貌似上升的假象。

# 435 一流体育是健康的

我们所有人都会羡慕一流运动员完美强健的身体。但是这些一流运动员真的值得羡慕吗？外科医生塞斯·赖因范·登·霍根班德（Cees Rein van den Hoogeband），也是一名著名游泳运动员的父亲，却不那么认为。据他介绍，一流运动员在其职业生涯结束时身体是处于磨损状态的。事实上他说的是对的。过量的运动需要使用很多关节。因此很多一流运动员容易患有骨关节炎并且在当时没有彻底治愈。当他们告别职业生涯的时候，通常他们整个余生都会带着曾经的运动员生涯留下的伤病。

对于业余运动员来说这种风险就小得多了，而且经常定期锻炼的人甚至可以预防骨关节炎。

---

# 436 自行车之王埃迪默克斯赢得了所有比赛

单车传奇人物埃迪默克斯的荣誉榜令人印象很深刻，他整个职业生涯中赢了多达525场比赛，但是他并没有赢得所有比赛，比如他就没能在环巴黎赛的榜单上书写自己的名字，他的队友诺埃尔（1972年环巴黎赛获胜者）幽默地说了这段话："埃迪默克斯和我两个人赢得了所有自行车比赛。我赢了环巴黎赛，他赢了除此之外剩余所有比赛。"另外在奥运会金牌得主名单上我们也没有找到这位"食人者"（埃迪默克斯的绰号）的记录。

# 437 游泳是理想的
减肥运动

　　游泳可以很好地增加肺活量，强壮肌肉，甚至减轻过多的压力。但是除非你每天都游几小时，否则你体重不会减轻很多。

　　水的浮力支撑着你的身体，因此你不需要费很多的力，就跟你不借助任何辅助在地上走一样。另外，你游完泳从水里出来的时候经常会感觉到饿，更容易吃些东西。但总的来说：游泳对你身体的影响还是利大于弊的。这是锻炼身体使关节部位变瘦的一种好方法并能带给你满足感。

# 438 奥运会最初唯一的竞赛项目是铁饼

在公元前776年第一届古代奥运会项目名单上的确只有一个项目。但它既不是铁饼，也不是标枪、链球或者百米冲刺。这个项目是192米（600英尺）冲刺。规定参加者必须是希腊男性。他们跑步时赤身裸体，当时的获胜者是一个名叫Koroibos的厨师。

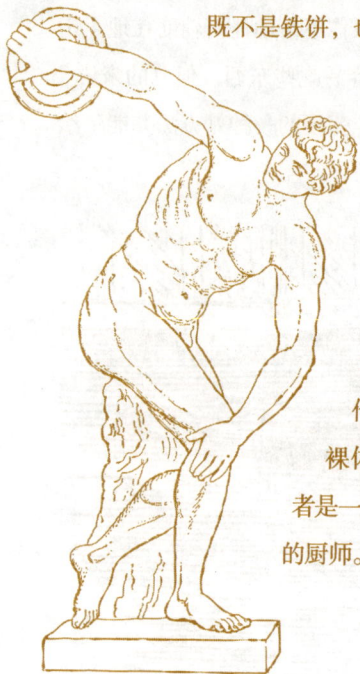

# 439 一些武功秘籍中说你可以不碰一个人就能杀死他

中国点穴的练习者以惊人方式运气。该气是一种不依存于物体的力，可以打通我们身体的静脉。你可以通过仅接触对方的一个手指来打败对方。点穴大师莱昂杰教授（Leon Jay）在意大利访问时，两名意大利怀疑论者决定让莱昂杰教授击败他们来验证该气。结果是大师失败了，他的回应是：怀疑论者做了手脚。他表示，气可以通过舌尖抵住上颚或者大脚趾一个朝上一个朝下推的方式中和掉。但最重要的原因是怀疑论者是异教徒。对我们来说这看似正确。这让我们想到了类似情况下的美国牧师，他们通过把手放在信徒头上并暗示他得到耶稣力量的方式让信徒跌倒。这个方法的成功在于两方面，一是暗示作用，二是受害者容易上当。

# 440 智力游戏
让你更聪明

如果我们能通过玩游戏提升智力水平，这当然很棒。这是现在一个流行的电脑游戏"大脑年龄"（*Brain Age*）所做的承诺。英国广播电台BBC对这些说法进行了调查，发现这些都只是些销售技巧。BBC要求超过8600名年龄段在18至60岁的参与者花费每周三次每天至少十分钟的时间在智力游戏上，以此提高记忆力、推理能力以及其他技能。最终这些人要和超过2700名不玩智力游戏但花一定量时间上互联网的人作比较。6周后的智力测试中，玩智力游戏的人并未比上网漫游者表现得更好。甚至有些部分还是上网者做得更好。而这并不意味着电脑游戏对你没有任何好处。有研究表明，某些电脑游戏可以对洞察力或其他智力方面产生一定积极影响。智力只是一个广泛的概念，电脑游戏也不是发展天赋的灵丹妙药。

# 441 相比常人，顶级棋手拥有
更好的视觉记忆

研究表明，熟练的棋手的确可以更好地记住棋盘位置。然而如果调整测试方式，把棋子以一种无逻辑无可能性的方式摆放（比如说两方用同一颜色的棋子），那么棋手们的表现并不比对照组出色。

# 442 裁判偏袒主队

可怜的裁判，每场比赛他们都要忍受教练、球员和球迷的这种说法。最常见的抱怨无疑是他们偏袒主队。但是真的如此吗？

荷兰广播公司VARA的体育部对此进行了调查。他们对主队和客队所获的任意球、黄牌、红牌以及点球数量进行了统计。结果显示，主队获得较少的任意球，但是获得更多的红黄牌和点球机会。因为这些数据，你不能断定主队在比赛中就是占优势的。其实还有很多其他因素。例如，主队通常是必须制定比赛的队伍。根据这个定义，主队比客队摔得更多，更多地想到去捍卫自己的利益。这也从逻辑上解释了为什么主队能获得更多的点球机会。

# 443 范·巴斯滕在特定广告牌旁受伤

据说球星范·巴斯滕在著名的AC米兰赚了一大笔出场费的同时，还有一个额外的收入来源。有种说法是公司在赛场放置一个广告牌，然后范·巴斯滕总会在这个特定广告牌旁受伤。凭借这种方式，电视镜头总会捕捉到这个广告牌令其更久地出现在画面里。因此范·巴斯滕每一次受伤都会得到一笔可观的收入。

这只是一个记者道听途说的故事。一名好记者应该检验故事的真实性，但显然这个荷兰记者不知道好记者的标准。类似的事情也曾发生在约翰·克鲁伊夫（Johan Cruijff）身上。这些故事的出现可能就是为了抹黑球员。

# 444
**足球就是一种场上11对11比赛**
**最后由德国人获胜的运动**

每个人都知道英格兰国脚兼足球评论员加里·莱因克尔（Gary Lineker）的这句名言。他表示德国足球很无聊，总是在比赛快结束时攻入制胜一球。但莱因克尔是否正确呢？

问题在于绝对和相对数字的区别。德国人总是能在国际赛事表现得很好因而他们踢了很多比赛，因此德国人在最后阶段攻入制胜球的比赛数量还是比较多的。但是如果看一下相对数量（每场比赛后期制胜球数量），并跟其他国家比较，德国并没有很突出，反而是西班牙和荷兰更多些。

# 445 左脚球员更有创造力

有种老生常谈的说法是这样的：左脚球员比右脚球员更具创造精神。这种说法来源于我们的大脑图像。右脑负责直觉、创造力和艺术性，并直接"操纵"左脚。

然而脑部扫描显示，创造力不仅仅由右脑决定，大脑的其他部位也参与其中。于是大脑部联系的说法不再成立。另外，左脚球员的确有优势，但是原因仅仅是左脚球员是少数，他们对抗的经常是右脚球员，而对手右脚球员通常不习惯对抗左脚球员。当然在个人比赛中这种优势就完全消失了。

当所有人都只讲
真话的时候，
世界便会变成人间地狱。

—— 让·迦本

• Jean Gabin •

# 语　言

## 446　"Ok"源于"zero killed"

那只是其中一种可能性。所以它也可能源自拉丁语中的"omnis correctus"，希腊语中的"Ola Kala"，法语中的"au quai"，非洲西部语言中的"Wa-kee"，除此之外还有更多的可能。根据牛津英语词典，它的词源是"oll korrekt"，是在1839年的《波士顿晨报》中出现的一个短语。

## 447　俄语中没有表示"和平"的单词

在冷战时期，每个美国人都毫不犹豫地相信这种说法。另外，它也完全符合当时的政策。这种说法当然没有任何根据。俄罗斯人对和平的热爱并不比美国人少。如果你想知道，那么其实俄语中表示"和平"的单词是"mir"。

## 448　电脑翻译会减少人们对人工翻译的需求

事实与此相反。人们有时会使用电脑翻译（如谷歌翻译和Bing翻译），来得知一些文章的内容，或人们在社交网站上说的是什么。但是这样做过的人都知道，电脑翻译远远不够完美。如果电脑翻译能够告诉我们文章讲的是什么，甚至能够较好地再现文章内容的话，就已经是最好的情况了。但如果想要正确、流畅的翻译，我们还是只能向人工翻译寻求帮助。

# 449 单词"nylon"（尼龙）来自"New York"（纽约）和"London"（伦敦）

相传，"nylon"这个单词是"New York"和"London"的结合，因为英国人和美国人一起研发了一种新的材料，他们便把他们共同的项目叫作"nylon"。

实际上，尼龙，或聚己二酰二胺，是在1935年被一个有机化学家发现的。为了给这个产品命名成立了一个委员会，他们想出了400个名字。其中一个名字是"No Run"，它最终演变为"nylon"。

另外一种说法是"nylon"是"Now you've lost, old Nippon"（现在你输了，旧日本）的缩写。这可能指的是日本因为合成纤维的替代而失去了他们的丝织品市场。

# 450 长句使文章难以阅读

一篇满是长句的文章当然有可能难以阅读，但事实并非总是如此。句子结构起着很重要的作用。如果主句位于句首，同时也很有逻辑性的话，长句也具有很高的可读性。

持续使用短句也不会提高文章的可读性。各部分信息之间的联系可能会缺失，一系列的短句听起来也可能会很枯燥，甚至咄咄逼人。

所以理想的状态是长短句相结合。包含重要信息的句子最好是短句，而包含观点（或例子，解释或列举）的句子则可以长一些。

# 451 "SOS"表示"救救我们的灵魂"

"SOS"其实没有任何的含义。"救救我们的船"或者"救救我们的灵魂"是人们后来凭空想象出来的。"SOS"也不是真正的莫尔斯电码，因为三点、三条线之后又有三点，它们紧跟着彼此。假设它们是单独的字母的话，每个字母之间就会有停顿。

此外，"SOS"最初其实是"SOE"（三个点，三条线，之后又有一个点），但是因为最后一个点时不时地被人们遗忘，它就被改成了三个点（就是字母S）。

在1918年关于无线电报和电话的马可尼年鉴中写道："我们选择这个信号（SOS），因为它可以很简单地被发送，也非常容易识别。这些字母并没有特殊的含义，在这些字母之间加上点也是错误的。"

而且"SOS"仅仅在电报中被使用。它从不被用于口头交流，在口语中被使用的是五月天（"Mayday"，来自法语中的"m'aidez"）。

# 452 因纽特语中有许多个表示"雪"的单词

20世纪初期，当人类学家弗朗斯·博厄斯写到爱斯基摩人的时候，他声称他们有四个单词来表示"雪"。这被其他的语言学家注意到了，他们不知出于什么原因一次次提高了这些单词的数量，从而引发了人们的想象，以至于这些说法在多年间无数次被使用，单词的数量也一直在增加。最终，传言说有几百个表示"雪"的单词。这个断言也有一个名字：描述雪的单词的故事。一个类似的故事是，阿拉伯语中描述大量的单词，用于表示各种类型和状态下的沙子。

幸运的是，有些语言学家并没有掉入这个陷阱。史蒂芬·品克在1994年于他的著作《语言的本能》中定道，爱斯基摩人和以英语为母语的人用来表示雪的单词的数量是一样的。英语的单词量其实比因纽特语大很多。

# 453 西班牙语和意大利语的语速比荷兰语和英语快

当我们听到西班牙人或者意大利人说话时，我们有时会说他们讲个不停。但根据彼得·洛奇，英国雷丁大学语音学名誉教授的详细研究表明，这种说法完全不正确。从正常讲话时每秒发出的声音数量来看，语言之间并不存在差异。

但比方说英语（重音语言）与西班牙语和意大利语（音节语言）之间还是存在着节奏上的差异。音节语言听起来比重音语言要快一些，但不同的说话节奏与不同的语速并不是同一个概念。研究表明语言和方言听起来有快有慢，但它们在速度上其实没有任何可衡量的差异。因此，有些语言听起来语速很快不过是一种幻觉。

---

# 454 咒骂是不好的

反咒骂联盟一定会这样告诉你。但根据基尔大学的研究表明，咒骂其实是有意义的，尤其是在你弄疼自己的时候。

假设你用锤子砸到了手指，你做的第一件事情是什么？当然，狠狠地咒骂一番。你并不是有目的地做这件事，你也不会加以考虑，你只是被咒骂压倒了而已。咒骂不仅会产生情感的反应，还会产生生理反应：它会减少疼痛。也就是说，咒骂有减轻疼痛的效果。这也是我们许多个世纪以来一直不自觉地咒骂的理由。

# 455 剖腹产的名称来源于凯撒大帝出生的方式

凯撒大帝是顺产出生的，并非剖腹产。剖腹产的名字来源于拉丁语中表示"切"的单词：caedere。在凯撒大帝的时代，剖腹产术就已经被使用了，但它的代价总是母亲的死亡。母亲经历剖腹产手术后生还的第一个例子出现在1500年，这个瑞士女人甚至可以复述手术过程。

# 456 童话是写给儿童的

"童话"这个单词来源于中世纪的"sproke"，意思是"故事"。而这种故事在当时被口口相传，是专门针对不识字的成年人的。这种故事大多包含了露骨的性行为和暴力，完全不适合儿童。第一个真正为儿童写童话的人是安徒生。而这种童话其实是一种俏皮地给孩子们上德育课的方式。

# 457 约翰·肯尼迪总统称自己是柏林人

当美国总统约翰·F.肯尼迪于1963年第一次到访柏林的时候，他说了这句传说中的话："Ich bin ein Berliner（我是一个柏林人）"。据说，这句话的字面意思是，"我是一个柏林人"（而不是"我觉得自己像一个柏林人"）。根据这些传闻，正确的说法应该是："Ich bin Berliner（我是柏林人）"，没有冠词"ein（一个）"。在德语中，柏林人就是"Berliner"。虽然他讲这个单词时的发音与它本来的读法有细微的区别（他读成了"Berleener"），他讲话时的发音也是基本正确的。只是以德语为母语的人在讲有比喻意义的话时会把不定冠词去掉。德国民众并没有大规模地爆发出一阵大笑，这也是肯尼迪没有让自己太难堪的另一个证明。

# 458 阿姆斯特朗在月球上讲的话中包含着一个语法错误

当阿姆斯特朗踏上月球的那一刻，他说了这样一句话"That's one small step for a man, one giant leap for mankind"（这是个人的一小步，却是人类的一大步）。但是听录音的人却没有听到冠词"a"。是他太焦虑或者太紧张才犯了这样一个语法错误吗？

最近有关声音的研究表明，阿姆斯特朗其实说出了这个冠词，它也被记录在了磁带上。只是它真的太短了，所以几乎听不到。

# 459 当英国女王授爵时，她会说"Arise, Sir..."（加油，爵士）

实际上，她说的话很少。英国王室的官方网站上说，女王会把剑先后放在骑士的右肩和左肩上，然后骑士就会站起来，按他所属的顺序从女王那里接受徽章。这期间女王不会说话。

# 460 人们通过点头来说"是"

这听起来再有逻辑不过了，但是语言是没有逻辑性的，所以这种说法也是错误的。在保加利亚，人们用摇头来表示"是"，用点头来表示"不是"，这是证明这种说法错误的一个很好的理由。

保加利亚在持续的五个世纪内，一直到大约150年前，都被土耳其人所占领。保加利亚民族是一个固执又骄傲的民族，在奥斯曼帝国的统治下，大多数保加利亚人被以暴力手段强迫改变了宗教信仰。为了让保加利亚人信奉伊斯兰教，土耳其人将刀子放在他们的喉咙上，问他们是否愿意改变信仰。通过摇头说"不愿意"的人，就会自动被割断喉咙。

当时的保加利亚人为了拯救自己的生命，便想到他们可以点头表示"愿意"，但实际上心里想的是"不愿意"。用这种方式，他们得以保全自己的性命，同时对他们的信仰忠诚——当时，他们通常信仰东正教。

# 461 "Kangaroo"（袋鼠）在印第安语中的意思是 "我不明白你说的话"

很遗憾的是，这个关于袋鼠名字由来的受欢迎的小故事并不正确。这个故事讲的是詹姆斯·库克船长（参见第479个谎言）在来到澳大利亚，就是现在的悉尼附近时，遇到了当地部落"格威盖尔"（Gweagal）的原住民。当时有一只袋鼠经过。那时，欧洲人还没有看到过这种奇怪的动物，便问当地的原住民那是什么。原住民看着彼此，耸了耸肩，其中一个人就说了"kangaroo"，就是土著语中"我不明白你说的话"的意思。

事实远比这个故事平庸。"Kangaroo"，来自当地另外一个部落，Guugu Yimidhirr的语言。他们把袋鼠叫作"gangurru"。

# 462 小孩子学习语言比成年人容易

看起来似乎是这样，但事实其实是相反的。请看下面的内容：当小孩子学习一门外语时，他们不需要像成年人一样学习那么多，来实现良好交流。小孩子使用的句子更短更简单，单词量也更小。所以小孩子看似能更快地学习一门新的语言。但是实际上，成人在学习新语言时表现更好。与小孩相反，成人能够理解掌握词汇的技巧和学习技巧，这给他们带来了额外的好处。小孩与成人相比唯一的优势就是他们能更快地学习发音。

生命不可能从谎言中
开出灿烂的鲜花。

——海涅

• Heinrich Heine •

# 历 史

## 463 石器时代的人们住在山洞里

"山洞人"并不是对石器时代人们（就是旧石器时代的人们）的确切描述。旧石器时代的人们是没有固定居住地的游牧猎人，他们只是很偶尔地住在山洞里。西班牙的阿尔塔米拉和法国的拉斯科等著名景点也不是他们的固定住所。我们的祖先只有在机会出现时才会住进山洞里。

## 464 埃及金字塔由奴隶建造而成

奴隶建造了埃及金字塔的观点，早在公元前5世纪经由希腊历史学家希罗多德（Herodotus）的文字便流传开来。但事实证明希罗多德是错误的。当考古学家研究在吉萨金字塔旁边发现的金字塔建造者的遗体时，发现他们被埋葬在神圣的法老旁边。而被埋葬在法老旁边是一个巨大的荣誉，是奴隶绝对不可能得到的。除此之外，人们还发现了大量的牛骨头，这说明牛肉——这种在古埃及被视作佳肴的食物，是金字塔建造者们的主食。总之，金字塔的建造者是极有才华的埃及工匠，而不是好莱坞电影或圣经中描述的奴隶。

# 465 角斗士全是男性

我们这样想是很有逻辑的：你在电影中看到过女角斗士吗？或许最多见过女战士。但事实上，在古罗马时代有一些女性对角斗士的战斗如此着迷，以至于她们自己想要站上角斗场。另外一些女性没有选择，被强迫成为女角斗士。女角斗士在尼禄皇帝和弗拉维安皇帝统治时期最为盛行。她们战斗时拿着一块大盾牌和一把小剑，但不戴头盔，否则观众就看不出她们是女性了。

公元11年，参议院颁布禁令，禁止20岁以下的自由女性成为角斗士。

# 466 希腊和罗马的雕像是白色的

当我们想到希腊或罗马的雕像时，眼前便会浮现出真人大小的白色大理石雕像或半身像。但是这些雕像并不总是白色的，它们通常被精美地彩绘和装饰过。颜料随着时间的流逝降解消失，所以我们找到的大多数雕像都是白色的。然而，现代科技使我们能够精确地指出雕像的哪一部分有什么颜色。通过我们在许多雕像上找到的特殊的附着点，可以推测出它们通常被珠宝和配件所装饰。所以这些雕像当时并不像我们现在知道的一样全是白色的。

# 467 罗马人发明了直路

罗马人给予我们一切，但笔直的道路并不真的是罗马人的发明。直路可以追溯到铁器时代（公元前800年起）。不过罗马人确实设计了更长的道路网。表明直路不是由罗马人发明的另一个证据，是在爱尔兰也发现了许多直路，而罗马人从来没占领过爱尔兰。

# 468 第欧根尼住在木桶里

锡诺普的第欧根尼是公元前4世纪的一名希腊哲学家。根据一个很受欢迎的传说，他睡在雅典城墙外侧的一个木桶里。他仅有的财产是一件斗篷，一个吃饭用的碗和一个喝水用的杯子。他认为，人类必须能够在公共场合没有约束地做一切自然的事情。所以他经常在公共场合手淫，并以此著名。他认为在公共场合手淫是自我满足和智慧的最高境界。因为第欧根尼像狗一样生活，他便有了"狗"这个绰号。

这个故事中有一个细节是不对的：第欧根尼并不住在木桶里。木桶是之后才被发明的，所以第欧根尼可能住在一个很大的希腊双耳罐（一种罐子）里，或者住在小木屋里。

---

# 469 如果罗马帝王竖起大拇指，落败的角斗士便可以活下去；如果他大拇指向下，这名角斗士就会被处死

至少，我们在《斯巴达克斯和角斗士》这种电影中看到的场景就是这样的。但是事情永远不会是它看上去的那样，至少绝不是像美国电影里那样。在真正的罗马帝国，事实刚好相反：竖起大拇指表示剑必须出鞘，所以角斗士会被处死。如果帝王将大拇指放在拳头内或大拇指朝下，则表示剑要留在鞘内。也有人说向下的大拇指表示角斗士要离开角斗场。可能是英语中"thumbs up"（竖起大拇指，表示赞叹）的表达导致了这样的困惑。

## 470 当罗马城被烧毁的时候，尼禄皇帝在拉古提琴

我们都知道尼禄是一个疯子，他放火烧了自己的城市，并且在这之后让基督徒们为此付出代价。但是他在这场自己的私人营火会上弹奏的并不是古提琴。而且这也很难做到，因为第一把古提琴在公元14世纪才被制作出来。

但根据一些资料显示，尼禄在这场大火中确实弹奏了某种乐器。不是古提琴，而是西塔拉琴（kithara），一种古希腊乐器。西塔拉琴是两弦竖琴的专业版本，主要由专业音乐人（kitharodes）所使用。

根据作家塔西佗的观点，尼禄并没有弹奏乐器，而是奔赴罗马救助在大火中遭受困苦的罗马市民，完成自己的人道主义使命。

他自己掏腰包救助市民，为无家可归的人提供庇护，用足够的粮食库存来避免饥荒。除此之外，他还改造了城市中的部分建筑，来降低火灾扩散的危险。

## 471 古希腊是一个重要的国家，给予我们和平

古希腊并不是一个国家的名字，而是一个地区，包含了上千种独立的文明。

每一个文明都有自己的领导者和军队，并独立于其他的文明。比如说每个人都知道的斯巴达和斯巴达人——这只是希腊地区中的一个国家。所有城邦的居民都来自同一个种族，说同一种语言，但城邦之间动辄便有战争。因此，古代奥运会期间有一个特殊的规定来保证所有参赛者由自己的国家前往主办国的路途上的安全。

"民主"这个单词确实来源于古希腊，但他们的民主几乎无法与我们的民主相比。古希腊的民主是参与民主——其中并没有人民利益的代表。人民利益的代表在中世纪晚期才出现。

# 472 死刑在中世纪被广泛使用

提到中世纪，许多人都会想到酷刑和公开处决。当法律体系刚刚被建立起来的时候，诉讼是非常公正的。死刑被看作极刑，只针对最严重的罪行，如谋杀、背叛和放火。中世纪以后，在女王伊丽莎白一世等统治者的统治下，死刑被用于惩罚异教徒。公开斩首并不像我们在电影里看到的那样发生。只有富人才会被砍头，而砍头并不公开执行。执行死刑最常用的方式是绞刑——火刑是非常特殊的，在罪犯被绞死之后才被执行。

# 473 阿特拉斯（Atlas）因被宙斯惩罚而背负地球

阿特拉斯当然经常被描绘成背负地球的人，但是这种形象是不对的。阿特拉斯因为在对阵奥林匹斯众神的战役中选择站在提坦神族那一边而被宙斯惩罚。他必须站在地球西边，并在那里用肩膀背负苍穹。佛兰芒的地图制作者墨卡托（Mercator）第一次这样描述了阿特拉斯。——从前是发生了这样一件事，但并没有阿特拉斯这个名字。从那以后，包含地图的书籍便被称作atlas（地图集）。

## 474 在中世纪，大量女性被当作女巫迫害

女巫是能够召唤并且运用邪恶力量的女人。她们无疑与魔鬼有契约。在中世纪，迷信盛行，许多女性被当作女巫，从而遭到迫害被烧死。我们在许多漫画、电影、动画片和电视剧中看到的都是这样。

根据历史资料显示，中世纪的女巫迫害并不像我们想象的那样平常，更晚的时候才爆发了大规模的女巫迫害。女巫迫害和烧死女巫最盛行的时期是16世纪。

## 475 海盗总是让罪人走木板

这只是（好莱坞）电影中的场景而已。电影中著名的海盗，例如杰克船长（Jack Sparrow），便遭受过这种心理折磨。

不管有没有被蒙上眼睛，罪人都会被套上锁链或其他重物，然后被放在木板上，最终沉入大海。无数的电影和动画片中都是这样描述的，好像海盗们真的这样做一样。然而文学研究表明，大多数海盗选择一种更为直接的方法来惩罚罪人，走木板的方法只在特殊情况下被使用。

## 476 第一个完成环球航行的人是麦哲伦

这是一个葡萄牙人非常愿意相信的故事，许多来自其他地方的人也这样相信。但事实上，麦哲伦连环球航行的一半也没有完成。在与菲律宾麦丹岛的当地部族拉普拉普的争斗中，他被竹矛刺死。在这支五艘船的船队中，只有一艘船最终完成了环球航行。这艘船由巴斯克水手胡安·塞巴斯蒂安·埃尔卡诺率领。所以第一个完成环球航行的是巴斯克人。

## 477 西班牙人在与印第安人的战争中迅速取胜，这归功于他们的马和火器

最初，印第安人对待欧洲来访者十分尊重，欧洲人的马和武器给他们留下了深刻的印象。事实上，他们是被武力彻底吓坏了。除此之外，西班牙人还穿着闪光的盔甲，举着多彩的旗子。

然而，印第安人对武器的尊重和恐惧持续的时间并不长，因为美洲内陆并不适合使用重型枪炮。除此之外，火药很快便用完了。印第安人却拥有原始但轻便的武器，如弓和石摆。

真正助西班牙人一臂之力的不是马或武器，而是印第安人内部的争端：有许多部落因为主导权而争斗，如果他们团结一致，共同对抗西班牙侵略者的话，在中南美洲也许就不会有巨人的西班牙帝国了。

## 478 哥伦布（Christopher Columbus）发现了美洲

大多数历史书上都这样错误地写着。维京人更早到过美洲：一些资料显示，挪威人哈里约弗森（Herjolfsson）在公元985年便踏上了美洲大陆。一些爱尔兰僧侣也可能比哥伦布先到达美洲。真正的发现常常被归功于莱弗·埃里克松（Leif Eriksson），他的父亲是臭名昭著的红发埃里克（Erik de Rode），就是第一个在格陵兰岛建立挪威定居点的人。20世纪60年代，加拿大纽芬兰出土了一个挪威定居点，埃里克松可能在这里生活过。

人们常常把发现美洲归功于哥伦布是因为在哥伦布"发现"美洲之后，各大洲之间第一次有了广泛的联系，但不幸的是，它导致了美洲大陆原住民文明的灭亡。其他的有关在哥伦布之前美洲与世界其他部分联系的理论，如中国人、葡萄牙人、非洲人或波利尼西亚人与美洲的联系，直到今天都没有得到证实。

# 479 英国人詹姆斯·库克（James Cook）发现了澳大利亚

人们对库克存在着更多的误解。当他在1770年到达澳大利亚时，他并不是船长而是中尉。他也不是第一个踏上澳大利亚的人，甚至不是第一个踏上澳大利亚的英国人。第一个踏上澳大利亚的英国人是威廉·丹皮尔（William Dampier），他于1688年到达。在更早的1606年，荷兰人威廉·詹斯踏上澳大利亚大陆，是第一个到达澳大利亚的欧洲人。但第一批到达澳大利亚的并不是欧洲人，而是中国人。他们在很早以前就探索过这片土地了。如果我们继续追溯，便会发现澳洲土著居民的祖先是第一批在澳大利亚建立殖民统治的人，那是4000多年前了。

# 480 牛顿的重力定律是从天而降的偶得

我们都知道这个故事：夏日的一天，艾萨克·牛顿（Isaac Newton）先生坐在树下，有一颗苹果掉在了他的头上。这带给了他有关万有引力定律的启发。但是这个故事必须被细化。确实是一颗从树上掉下的苹果让他顿悟——牛顿自己这样讲过很多次了。但苹果并没有砸在他的头上。牛顿也不是在看到一颗掉下的苹果之后才想出他的理论的。其时牛顿早已是一个备受尊重的科学家了，所以他的重力定律并不是凭空而来的。然而，这个关于苹果的故事还是一个很好的例子，可以证明一件小事是怎样给人巨大的启发的——你唯一需要的就是像牛顿一样聪明的头脑。

# 481 哥白尼是第一个说地球绕着太阳转的人

我们所知道的第一个这样宣称的人是阿里斯塔克斯·萨摩斯，他出生于公元前310年，几乎是哥白尼生活时代的1800年前。他不仅认为地球和其他行星绕着太阳转，还计算出了地球、太阳和月亮的相对大小以及它们彼此之间的距离。他也认为天空不仅是我们看到的苍穹，而是几乎无限的宇宙。遗憾的是，他并没有引起人们的注意。

哥白尼知道阿里斯塔克斯的研究成果，并把他写进了自己的书里。但是当这本书出版的时候，出版商去掉了书中关于这个有远见的希腊人的信息。这可能是为了防止这本书被视作抄袭。

除了阿里斯塔克斯之外，还有其他一些学者也有类似的观点。作为我们现在对于太阳系印象的第一个重要来源——也许也是对哥白尼来说最重要的资源——其实来自阿里斯塔克斯。

# 482 中世纪的人们认为地球是平的

地球是平的这个观点，在每个文明的历史中都出现过。甚至直到现在也还是有人认为地球是球形的这种说法没有得到明确的证明。而中世纪的人们普遍认为地球是平的这种说法，则是一个错误的假设。早在公元前4世纪，似乎就没有人相信地球是平的了。

至少，许多著作是这样告诉我们的。很多关于地球和宇宙的著作都表达了相同的观点：地球不是平的。然而问题是，这些著作在多大的程度上对普通民众造成了影响。街上的人们也知道这些科学发现吗？他们相信这些观点吗？除此之外，一些著作把地球描述成"圆的"，这使人困惑——毕竟，扁平的圆盘也是圆的。不过，我们可以肯定地说，中世纪学者的一个很重要的观点，并不是把地球看作扁平的圆盘，而是看作球体——地球不是完美的球体这件事，他们之后才会发现（参见第265个谎言，"地球是圆的"）。

## 483 在中世纪，腐烂的肉被撒上香料

因为中世纪的人们没有冰箱——除了冬季可能的寒冷——肉常常会腐烂。人们使用大量的香料来掩盖腐肉的异味。

中世纪确实没有冰箱，但中世纪的人们有许多储存肉的方法，比如干燥、烟熏或者在盐水或盐中浸泡。而且，将香料浪费在腐肉上成本太昂贵了，即使大量的香料也无法掩盖腐肉的异味。吃腐烂的肉还会让人生病。香料可以用于把不太新鲜的肉变得美味，但肯定不会被用在腐肉上。

---

## 484 亚瑟王有一张圆桌

在许多描绘亚瑟王和他的骑士们的画中，我们可以看到他们是怎样坐在圆桌上的。它的基本思想很高贵：没有人可以坐上座，所以每个人都同等重要。

最近的研究则告诉我们一个完全不同的景象：圆桌其实是亚瑟王和他的骑士们一起去的一个露天剧场。因此，圆桌并不是普通的桌子，而是上千个人一起就座的剧场。

## 485 维多利亚女王的名字是维多利亚

维多利亚女王的真名是亚历山德里娜（Alexandrina）。她本来应该有的中间名是伊丽莎白，但最终变成了维多利亚。这当然违背了摄政王的意志——就是又老又疯的国王乔治三世的儿子，履行王室职责的人。在维多利亚女王的童年时代，她常常被母亲叫作德里娜（Drina），但这个名字渐渐地被她的中间名所取代。

# 486 德国人约翰·古腾堡发明了印刷术

我们在历史课上是这样学到的，但这并不正确。在约翰·古腾堡之前的好几个世纪，中国和韩国就已经使用印刷术了。那里的人们已经制作出了非常适合印刷的纸。但亚洲的印刷系统存在着一些问题。传统的印刷术用木头进行印刷，整页的内容被印在一块木板上。如果需要改动一处，那么整块木板都必须被替换。韩国人当时已经在使用分开的金属字符，但印刷术并没有被广泛应用，因为亚洲的文字中包括的字符太多了。

古腾堡将使用分开金属字符的印刷术引进欧洲，并对此进行了一些重要的改进。这种技术迅速地在欧洲和世界其他地区扩散开来。古腾堡虽然没有发明印刷术，但他确实改进了这种技术，并发起了最重要的技术革命之一。至于古腾堡第一次印刷的是圣经，则是另一种谣传。在这之前，他早就印刷过各种天主教文件和教皇的信件了。

# 487 特洛伊之战发生在英国剑桥附近

荷兰科学家伊曼·威尔肯斯（Iman Wilkens）声称，特洛伊之战并不是在土耳其发生的，而是在英国。他认为，荷马故事的灵感来自北欧的口头传说，在这个传说中，南英格兰的一个地区短时间内遭到过凯尔特人的侵略。荷马提到的克里特（Kreta）其实是斯堪的纳维亚半岛，斯巴达（Sparta）在西班牙，而莱斯沃斯岛（Lesbos）实际上是怀特岛。除此之外，《伊利亚特》中提到希腊人在战争中使用马，而实际上，希腊人直到公元3世纪都是徒步战斗的。凯尔特人则因骑术而著名。

这一理论最主要的问题是没有考古证据的支持。威尔肯斯还胡扯了凯尔特人在历史上的位置。目前为止，我们假定的是土耳其的恰纳卡莱市与特洛伊相吻合，也有考古证据证明这种说法。

# 488
**早在自行车发明之前，伦勃朗便在他的其中一张自画像上画了一辆小自行车**

当修复者们在伦勃朗1659年的自画像的头发中间发现一辆超小型的比赛用自行车时，他们都惊呆了。这辆自行车只能用放大镜才可以看到，但毫无疑问：这真的是一辆比赛自行车。而且，画这辆自行车用的颜料跟这幅画其他部分的颜料是一样的。这怎么可能呢？自行车在两个世纪之后才被发明。

当修复者们发现这幅画在几十年之前已经被修复过时，谜题就被解开了。那时的修复师现在已经退休了。他勉强承认是他画上那辆小自行车的。其他的画家作品也被开过这种玩笑。

# 489
**弗兰芒狮是一只狮子**

神话中说，弗兰芒的十字军在弗兰芒伯爵菲利普·阿尔萨斯（Filips van de Elzas）的率领下把狮子的标志从中东带了回来。但在十字军东征之前，就有狮子的图案被用于画作和横幅中了。所以，狮子并不是因为十字军东征传到弗兰芒的。

在11世纪至13世纪，产生了将强壮勇敢的动物画在盾牌、印章和横幅上的习俗。但画的到底是哪种动物并不是很明确：龙、狼、豹子、狮子都被使用过。在金马刺战役时期，人们可能用豹子来代表弗兰芒，而不是狮子。人们说的还是Liebearts（从中你可以辨认出豹子这个单词，即弗兰芒语中的luipaard），而还没有开始谈论Klauwaerts（代表弗兰芒的狮子）。

晚些时候，在14世纪，这种各种动物混杂的局面才被英国的武器科学家终结，此后只有一种动物：狮子。

# 490 青霉素是被亚历山大·弗莱明发现的

其他一些科学家在弗莱明之前就已经研究过真菌的抗菌性了。但是这项研究并没有取得突破，因为科学家们对于细菌和病毒传播疾病的方式并没有足够的了解。当弗莱明偶然发现青霉素的功效时，医学界对其的了解已经更进一步了。

弗莱明根据"青霉真菌"，即青霉素的来源，想出了"青霉素"这个名字。除此之外，弗莱明还是第一个对青霉素做进一步实验的人。因此，他对青霉素功效的发现和描述作出了重要的贡献，这毋庸置疑。

然而，把青霉素真正作为药来使用的是其他科学家，大量生产青霉素的也是其他人。但不管怎么说在整件事情中被记住的还是弗莱明，这也许只是因为他想出了"青霉素"这个名字，于是人们查考资料时就总是看到他的研究成果。

# 491 复活节岛社会因环境灾难而灭亡

这是一个主要由环保团体散布的谣言。据他们说，复活节岛的居民在很多个世纪以前为了运输石像大量砍伐树木，这造成了木材的缺乏，导致他们无法制造用来捕鱼的小船，最终在灾荒的袭击下覆灭。

最近的数据表明，将887座石像运送到岛上最多需要15000棵树（需要的树很有可能比这更少，因为可以重复利用），而岛上的树以十万计。因此，树木消失并不是因为人为因素。

复活节岛社会在19世纪灭亡，这可能是秘鲁人造成的。他们使岛上的人口减少，还让岛上的居民在种植园工作。

# 492 拿破仑在滑铁卢被击败

英国威灵顿勋爵和法国将军拿破仑各自率领的军队之间的战役并不是在滑铁卢进行的，而是在瓦尔-布拉班特省南部，普兰思诺瓦的村庄和圣让山之间。

滑铁卢战役被认为是在滑铁卢发生的原因是威灵顿勋爵在战后去了滑铁卢的一座房子里写下了他对阵拿破仑的胜利。

# 493 火车因为墨索里尼而很准时

也许你曾经听说过，在墨索里尼执政时期，火车至少是准时的。而在现在的意大利（或欧洲其他地方），情况完全不是这样。但这种说法得到了很好地宣传。它流传得如此广泛，以至于现在还有很多人相信，但它与事实不符。

就算是在墨索里尼的统治下，火车有时还是会晚点。

# 494 在1789年，巴士底狱被攻占

根据大多数历史书的描述，法国大革命始于1789年7月14日在巴黎发生的攻占巴士底狱的事件。一大群公民在非常短的时间内英勇地占领了巴士底狱并解放了狱中的囚犯。

实际上，整件事情并没有以那么英勇的方式发生。根本就没有发生攻占事件，而是人民代表和巴士底狱的领导者之间进行了谈判。人民想要更多的武器，而巴士底狱就有武器。民众因为谈判持久化而变得不耐烦，有些人开枪。人们冲进了巴士底狱的法院。为了避免流血事件，巴士底狱的领导者投降了。所以真正的攻占并不存在。

# 495 泰坦尼克号是第一艘发出 SOS求救信号的船

SOS在1908年的国际无线通信会议上被定为求救信号。虽然大多数船只还是更喜欢使用传统的"CQD"求救信号（其中，D代表"distress"，意思是危难），但已知的是法国船只尼亚加拉号在泰坦尼克号之前就已经使用了SOS求救信号。而且，詹姆斯·卡梅隆（James Cameron）在他的电影《泰坦尼克号》中让无线电操作员发送了SOS和CQD两个求救信号，这完全正确，也十分引人注意。

# 496 在胡佛大坝的水泥中还埋藏着工人的尸体

据说，在20世纪30年代胡佛大坝的建设过程中，一名工人不慎滑倒，并被当时正在浇注的新鲜混凝土所掩埋。因为混凝土浇注无法停止，导致工人窒息，而监督员也无能为力，只能继续浇注混凝土。这种事情可能发生过很多次，根据这个故事的最新版本，甚至有七次之多。

从技术上讲，这是不可能的。含有尸体对大坝的结构来说是一个严重的危险，会使这项耗资数百万美元的工程夭折。除此之外，混凝土浇注的速度很缓慢，所有混凝土浇注完毕需要花很多个小时。因此，跌入混凝土里的人有充足的时间爬出来或者被救出来。

# 497 大卫星是一个非常古老的希伯来标志

大卫星是以色列国旗上的六角星。二战期间，在德国的犹太人必须佩戴这种标志，来让每个人都知道他们是犹太人。但大卫星和犹太民族之间的联系只能追溯到14世纪。在那之前，它被用于阿拉伯的魔术中，也在女巫的安息日（万圣节）被德鲁伊教徒们使用。这个标志也出现在古埃及、中国和印度教中。有时，它有特殊的含义，有时，它只是被用于装饰。

---

# 498 二战结束于1945年

在1945年9月2日日本签字投降之后，战争行动确实就结束了。然而冷战干扰了正式的和平。1950年，意大利、罗马尼亚、匈牙利、保加利亚和芬兰签署了和平条约。1951年，除苏联以外的所有同盟国都与日本签署了一项条约。奥地利在1955年又成为一个主权国家。德国被西方大国和苏联瓜分成两部分，德意志民主共和国并没有与其他国家签署和平条约，这意味着1990年10月3日德国的统一才是第二次世界大战的正式结束。

# 499 纳粹用集中营中人们的尸体来制作肥皂

纳粹干过太多耸人听闻的事情，以至于没有人怀疑这件事情的真实性。产生误解的原因可能是纳粹生产的肥皂上印有"RIF"这三个字母。这些肥皂也在一些集中营里被使用。人们以为这些字母的意思是"Reichs-Juden-Fett"（德语，意思是富含犹太人的脂肪），但实际上，它们的意思是Reichsstelle für Industrielle Fettversorgung（国家工业脂肪供应中心）。而且，这种肥皂被彻底地研究过。研究证明它完全不含人类DNA。

# 500 埃德蒙多·哈雷（Edmond Halley）发现了哈雷彗星

哈雷彗星自很久以前便为人所知。一块巴比伦的泥板上提到了公元前164年对哈雷彗星的一次观察。中国人早在公元前240年就已经观察过哈雷彗星了。在接下来的时间里仍然有对哈雷彗星出现的几次描述：公元前87年的中国，1066年黑斯廷斯战役时，还有1301年意大利画家乔托的画里。

埃德蒙多·哈雷是一个天文学家，因为他对彗星的研究而著名。他是第一个提出彗星以一种固定的模式出现的人，并计算出哈雷彗星会在1758年再次出现。然而，在1758年的圣诞之夜发现哈雷彗星的却是德国业余天文学家约翰·帕利奇（Johann Palitzsch）。这次重新发现在当时造成了很大的轰动。当时哈雷已经去世了，重新发现这颗彗星的是约翰·帕利奇而不是哈雷。然而每个人谈论的都是哈雷彗星，这个名字也保留至今。

还有一件很棒的事情是，如果你幸运的话，你将于2061年经历哈雷彗星的下一次出现。

# 501 到访宇宙的第一种动物是猴子

第一种有机会探索宇宙的动物不是猴子，也不是1957年发射的人造卫星斯普特尼克2号上的俄罗斯小狗莱卡。

第一种被有目的送入宇宙的动物是果蝇。1946年，美国人用战时抢夺而来的V2火箭把它们送进了太空。其间，已经有一整个动物园那么多的动物被送到了太空中：老鼠、蜘蛛、青蛙、蛇、天竺鼠、鱼、苍蝇、蠕虫甚至蝾螈的蛋都进行了一次太空旅行。但第一次是属于果蝇的。

# 502 在费城实验中，美国海军试图让一艘军舰隐形

据传闻：费城实验是美国于1943年在费城海港中进行的实验。实验的目标是通过操纵磁场来实现一艘军舰的（雷达）隐形。实验中有各种各样奇怪的事情发生，比如船员的消失，时间旅行甚至军舰的隐形。实验中，军舰消失过几次，但每次消失之后它又再次出现了，而且它显然是完好无损的。对船员来说，实验结果就没有那么好了：一些船员失踪了，另一些船员自燃了，甚至还有五个船员与甲板"融合"了。几乎所有船员在实验之后都有严重的心理问题。在实验之后的几个月，一些船员还是会凭空消失或自燃。海军领导层立即停止了后续实验，并试图掩盖整件事情。这个传闻甚至还被拍成了电影（《费城实验》1984年）。美国政府否认这件事情曾经发生过的事实，显然使愿意相信它的人增多了。但是，没有任何证据证明这件事情发生过，幸存的士兵也没有给出一点线索。

# 503 古斯塔夫·埃菲尔设计了埃菲尔铁塔

埃菲尔铁塔实际上是由古斯塔夫·埃菲尔的两名雇员——莫里斯·克什兰（Maurice Koechlin）和埃米尔·努基尔（Emile Nouguier）设计的。埃菲尔自己并不认为这个设计很棒。而且，他还认为工程无法在巴黎政府给的预算内完成。

一段时间之后，埃菲尔从他的员工那里买来了这个设计。两年之后，他自己把这个设计交给了巴黎市政府。他立即获得了二十年的特许经营权。所以，这个法国科学家欺骗了他的员工。

# 504 白宫有这个名字是因为它在1814年 被英国人烧毁后被重新粉刷过

这座美国总统的房子在1798年便被涂成了白色，也在1812年的战争之前就被叫作白宫了。1812年3月18日，一位政府成员在给他妻子的信中写道："现在，白宫中有很多问题，我指的是总统的房子。"

这个谣言来源于1817年以后"白宫"这个专名才出名的事实，而且碰巧此前不久这座建筑刚刚被重新粉刷成白色。

# 505 阿尔伯特·爱因斯坦（Albert Einstein）因相对论获得诺贝尔奖

阿尔伯特·爱因斯坦因为他的相对论，也尤其因为经常被引用的公式$E=mc^2$而为人所共知。

但这并不是他在1921年被授予诺贝尔物理学奖的原因。他获奖是因为他对光电效应的研究。他在其中提到光由分散的能量粒子——光子组成，而光在这之前一直被看作一种波。这为量子理论的发展打下了基础。根据量子理论，光既可以是粒子也可以是波，这取决于它被测量的方式。

爱因斯坦于1910年第一次获得诺贝尔奖的提名，但他到1921年才获得诺贝尔奖。他一年又一年地错过这个久负盛名的奖项是因为诺贝尔委员会不太涉及创造性的科学。1921年，委员会裁定被提名的科学家都不符合获奖标准。因此，在一年后，即1922年，组委会还是决定将1921年的奖项授予爱因斯坦。

## 506 一个将德语设为美国官方语言的提案 仅因一票之差没有通过

德国人在美国历史上发挥了重要的作用，美国也依然存在除了英语以外还讲德语的地区。由此衍生出了人们于1776年投票想要将德语作为美国的官方语言，但这个提案没有通过的传言。但事实上，投票从未发生过。这个故事产生于20世纪30年代。当然，这是这个新兴的世界大国在欧洲作的一次漂亮的宣传。但是在美国历史上，讲德语的人的比例从来没有超过10%，在1790年前后的宾夕法尼亚也没有。有趣的是，美国根本就没有官方语言。

## 507 纳粹的技术水平 远远超前于他们的时代

根据这个谣言，纳粹在科技上比他们的敌人领先很多，也远远超出他们的时代。有传言说，纳粹于1942年登陆月球，一艘航天飞机降落在月球的黑暗面。甚至还有传言说纳粹在月球上建了一个基地，他们现在可能还在那里生活。其他资料描述了纳粹与外星人的联系和他们的地下基地，他们在二战中失败后可能撤退到了那里。

你可以马上辨别出这些故事中的大部分是谣传。然而，希特勒在科技上投入了大量的资金，在纳粹时期，德国人也的确在这方面取得了进展。这些全部都是希特勒优越的雅利安人运动的组成部分。但这些进展在纳粹时期之前就已经产生了，纳粹并没有带来特别高的科技水平。你可以这样看待这件事：如果纳粹真的有如此先进的技术，他们便会在二战中取胜。

如果我们怀疑一个人说谎，
我们就应该假装相信他，
因为他会变得愈来愈神勇
而有自信，并更大胆地说谎，
最后会自己揭开自己的面具。

—— 叔本华

• Arthur Shopenhauer •

## 508 戴帽子会变成秃头

这是一个很好的颠倒因果的例子。戴帽子的男人通常是想要把他们已经秃掉或正在变秃的头藏起来。所以人们常常会看到帽子和光头一起出现，便很快得出了戴帽子会引起光头的结论。

然而，这个谣言并没有生物学依据。头发从毛囊底部获取血液和养分，而毛囊位于皮肤下面。而且，头发的生长并不需要外部的氧气，否则我们就不会有体毛了。秃头可能由不同的疾病导致，但最常见的原因是遗传因素或睾丸激素的影响。因此，戴帽子对秃头的产生没有任何作用。

## 509 边缘被绿色记号笔涂过的CD听起来效果更好

根据这一理论，CD光滑的外侧会使CD播放机的激光束反射，这样，它就又传到播放器的激光头里了。这会导致比特值的变化，使声音扭曲。如果我们用绿色记号笔把CD的边缘涂一遍，就可以避免这个问题的产生。

这个流言很快便被揭穿了。一方面是理论原因：光的传播速度太快了，当CD机还在读取相同的数字位时，它就已经回到了激光头中。声音的扭曲也是不可能的。另一方面是实践的证明：人们用相同的CD做了实验，一张CD保持不变，另一张CD的边缘则用绿色记号笔涂过。播放时这两张CD并没有区别。我们甚至不用调查这么多，因为如果通过这么简单的方法就可以改善音质的话，工厂早就这样做了。

## 510 如果人们在谈论我们，我们就会耳鸣

耳鸣的原因是大脑中将震动转换成声音的部分产生了一个本来没有的声音。最让人恼火的就是暴露在过度的噪音之中，比如一场喧闹的演唱会。这可能损伤我们耳朵里的毛细胞，导致传到大脑中的震动变形。这种变形会使大脑产生一种扭曲的声音，就是耳鸣。衰老也是导致耳鸣的一个常见原因。毛细胞的工作能力开始变差，会向大脑发送错误的信息。

但当其他人谈论我们会耳鸣的这种心理感应从来没有被证实过，因此也不一定是耳鸣的原因。

## 511 金发的女人很傻

许多金发的女人都很傻。许多褐色头发的女人也很傻。许多黑色头发和红色头发的女人同样很傻。总之，智商和头发的颜色完全没有关系。

那么这种观点是怎么来的呢？金发女人很傻的老生常谈与玛丽莲·梦露有关。她在1953年的电影《绅士爱金发女郎》中扮演了一位很傻的金发女郎，她只为取悦男人而活。除此之外，玛丽莲·梦露也是性感的象征。这个"愚蠢"的金发女郎天生貌美。但其实玛丽莲·梦露是一个很聪明的女人——这个观点仅供参考。

## 512 黑匣子是黑色的

1955年以前事实都是如此。直到有一天，有人提出了这个聪明绝顶的意见：这样的黑色盒子在飞机的残骸中很难被找到。从那时起，所有的黑匣子都变成了橙色的。

# 513 如果斜视太久，就会变成斜眼

家长们发明了很多东西来让孩子们改掉这个坏习惯。其中一个常用的说法就是斜视太久的人便会一辈子斜着眼睛看东西。

然而有意识的斜视是相当困难的。如果我们做到了，也不可能坚持很长时间。大脑只是想要得到你眼前事物的好的图像。如果我们有意识地斜视一段时间，后果最多只是眼部肌肉有些僵硬，但它们不会突然阻塞或"生锈"。

---

# 514 不能叫醒梦游的人

许多人认为，如果我们叫醒一个正在梦游的人，则他/她可能心脏病发作或休克。但这完全不正确。

然而，叫醒梦游的人还是存在着某种风险——你自己的风险。事实上，如果叫醒梦游者的话，他/她可能表现得注意力不集中或非常焦虑。一些具有攻击性的梦游者在被叫醒的时候会伤害别人。因此，我们建议在不叫醒梦游者的情况下将他们带回床上。

# 515 许多大牌的口红都有危险的高含铅量

口红中确实含铅，但量非常小：每一百万支口红二十小粒。就算是吃了许多口红，我们也几乎不会感觉到异样。铅也不是被故意加进口红里的，它是大自然中到处都可以发现的自然产品，也存在于我们使用的色素中。女人通过涂口红摄入的铅，比通过喝水、吃饭甚至是呼吸摄入的少一千倍。最后：如果你摄入很多铅，你会生病，但与你有时听说的正相反的是，你不会得癌症。

# 516 船长可以在海上为别人举行婚礼

许多电影和电视剧中都有船长为两名船员举办婚礼的场景，无论是在海上还是在正在宇宙中航行的空间飞船里。实际上，这不属于船长的能力范围。要举行婚礼的话，船长还必须是审判员、裁判官或公证人。

诚实地说，也有一些例外。日本的船长就可以为两名持有有效日本护照的船员或乘客举行婚礼。但在许多情况下，还需要很多文书工作。所以这并不是一件简单的事情。

# 517 我们用白垩做的粉笔在黑板上写字

现在，许多学校的粉笔板书都被用记号笔书写的白板或是带触屏的电子白板取代了。即使是在依然使用传统的粉笔书写的教室，我们使用的粉笔其实也不是用白垩做的。白垩是一种石灰岩，主要用于石油工业，英国多佛著名的白色悬崖就由它组成。学校的粉笔由石膏做成，它是一种主要由硫酸钙组成的矿物质，与白垩完全没有关系。在用石膏做粉笔之前，人们也用真正的白垩写字。

# 518 左和右之间的区别很简单

左和右本身的区别非常简单，但很多时候，这取决于我们的参照点是什么。从另外一个方向看的人，就会正好相反地定义这两者。左和右在哲学和语言学中是很特别的词。请尝试在不使用"左"和"右"这两个字的前提下解释它们的区别。这并不简单。

为了避免混淆，我们会使用许多不同的术语（例如左舷和右舷，英语中分别为port和starboard）或颜色代码（例如音响设备的电线）。

# 519 晚上开风扇睡觉可能致人死亡

这个传言主要在韩国流传，但在世界其他地方也有听说。在韩国，售卖的风扇都有一个内部定时器，所以它们在开了一段时间之后便可以停止运转。2006年，一个政府机构宣布开风扇引起的窒息位于夏季意外事故的前五名。

对此有各种各样的解释：风扇会创造一个吸走氧气的漩涡，或通过破坏空气中所有的粒子使房间真空，导致房间里没有可吸入的空气，造成体温的急剧降低。其中没有一个说法经得起科学测试的检验。所以我们可以安心地开一整晚风扇了。

# 520 如果把贝壳放在耳边，就可以听到大海的声音

我们都这样做过：把一个大贝壳放在耳边来听海的声音。我们听到的并不是海的声音，这其实不太令人惊讶。把一个塑料杯或是自己的手放在耳边也会有相同的效果。那么是什么使这种声音产生的呢？

一种理论认为这种声音是耳朵里的血管中血液流动的声音。如果这种说法正确的话，那么走几圈之后再来听，这种声音应该会更大。试试看吧。你会发现不是这样的。

另一种理论认为，这种飒飒声是由贝壳中空气的流动引起的。这更难自己测试，除非有一间隔音室。在隔音室里也还是有空气，但是我们什么也听不到。所以空气流动也不是正确的答案。但隔音室引导我们立即得出了对这个现象的恰当解释。我们听到的大海的声音不过是外部的声音在贝壳里的回声。声波进入了贝壳中并被反射，便形成了我们熟悉的飒飒声。

# 521 女人一生中平均会吞下3千克口红

让我们来计算一下。一支口红重约3克。3千克就是一千支口红。3克的口红大约可以涂410次。一千支口红就可以涂41万次。假设一个女人要持续涂55年口红，那她必须每天涂超过20次。这样，我们就可以认为她吞下了这么多的口红了。

---

# 522 免税店比普通的商店便宜很多

香水，太阳镜，好吃的巧克力……所有的东西都是只有在机场有空余时间时才能买到的超低价格，这就是免税店的隐性承诺。但实际上并不完全如此。《时尚先生》杂志做了一个对比测试，发现免税店的酒精饮料和香烟确实更便宜，但香水和珠宝通常比一般商店里的更贵。商品的价格一定程度上也取决于它是在哪个机场被购买的。

我们可以给出的唯一的建议就是提前了解和比较价格，就像您在普通商店做的那样。

# 523 如果戴上钛戒指后手指肿胀，无名指就必须被截肢

买过结婚戒指的人可能听说过这个谎言。如果戴上钛戒指，就有可能出现手指剧烈肿胀的危急情况。由于钛的硬度太高，这种戒指不能被切断，除了把这只手指截肢就没有其他办法了。

实际上，这时需要再让婚戒在手上戴一会儿。如果使用珠宝店的锯子，钛戒指跟所有其他类型的戒指一样容易处理。由于钛不太容易弯曲，钛戒指相对于金戒指等切起来更费功夫，但这就是唯一的区别了。

# 524 长时间的工作会带来很高的生产力

政治家和商人似乎相信，更长时间的工作等于更高的生产力。但事实正好相反。如果我们持续工作太长时间，就会因为疲劳而犯错。更正这些错误又会花费宝贵的时间。而且睡眠不足的人通常会过于乐观，这使他们容易忽视许多决定可能带来的风险。

有些政治家或商人黎明时分就开始开会或工作，直到深夜才作罢。他们的这种做法可能对社会或企业构成了危险。所以如果会议严重偏离了方向，那还是离开比较好，因为会议上肯定会产生糟糕的决定。

更多的睡眠不仅对我们的头脑有好处，我们的身体也会从中受益。一项对篮球运动员的研究指出，睡眠充足的篮球运动员能够更快地冲刺，也有更高的得分率，反应时间也更短。而且，他们感觉更好更幸福。所以，如果有时睡得久了一点，我们不必感到羞愧，因为它让我们变得更好。

# 525 Ici Paris XL中的"XL"指的是"extra large"（特大号）

1968年5月，布棱夫妇在布鲁塞尔的伊克塞勒开了一家香水店："Ici Paris'à Ixclles"，Ici Paris XL（荷比卢地区的连锁香水店名）由此诞生。伊克塞勒是布鲁塞尔的一个区。这家香水店的创立者的目的是将世界的注意力从巴黎吸引到伊克塞勒区。而"Ixelles"很快便被"XL"所取代。

# 526 动物实验
## 会使用宠物

动物实验是一种必要的罪恶，在很多情况下并不存在等效的替代品。在新的药物和治疗方法被允许应用于人类之前，人们总是想要先在动物身上测试。人们会饲养专门用于实验的动物。宠物收容所里的动物绝对不会被用于动物实验。

最近几十年间，被用于实验的动物数量急剧下降。仅仅在荷兰，这一数字在1978年到2008年间便下降了63.2%。道德委员会严格确保了以下三件事：动物实验只有在没有（完全可行的）替代品时才能被实施，用于实验的动物数量绝不超过必需的数量，动物们也要以一种尽可能人道的方式被饲养和对待。

---

# 527 苹果电脑从未遭受过病毒
## 的困扰

苹果公司曾经吹嘘道，苹果电脑的用户可以放松地工作，并且信任内置的OS X操作系统的保护。但从去年开始，苹果公司不敢如此响亮地这般宣传了。

正如其他笔记本电脑的使用者一样，苹果电脑的用户也需要在他们的电脑上安装必要的防病毒软件，以享受一定程度上的安全。

2012年，超过60万台苹果电脑感染了Flashback病毒。2011年，虚假的防病毒软件MacDefender在苹果电脑的用户中造成了混乱。这唤醒了苹果电脑的用户，而他们在那之前一直相信自己的电脑对让其他笔记本电脑用户深受其扰的病毒免疫。

# 528 梵蒂冈有世界上最大的色情作品集

梵蒂冈博物馆藏有一些文艺复兴时期的色情文物，也有一些米开朗基罗的画，其中包含了阳物幻想的内容。但这些就是全部了。世界上最大的色情作品集位于美国布鲁明顿的金赛性学研究所。那里有成千上万的色情电影、照片、文物和其他奇怪的东西。但遗憾的是人们不能随便观看这些收藏，除非是被认可的研究员。

# 529 男人每七秒就会想到性

假设男人每天平均有16个小时的清醒时间，那每个男人每天便会超过八千次想到性。这几乎与呼吸的次数相同。根据2011年的研究显示，男人每50分钟会想到一次性，而女人则是每90分钟。这当然只是平均值。有些人每天只会想到一次性，而另一些人可能每5分钟便会想到一次。

# 530 与性有关的东西有助于商品销售

性十分引人注意，这毋庸置疑。对我们的祖先来说是这样，对我们的子孙来说也将是如此。所以如果我们想要销售啤酒或汽车的话，把一对乳房放在旁边，销量就会增加。但性的成功可能太巨大了，因为性极有可能转移了人们对商品本身的注意力。

尝试一下：看一则与性有关的广告。一个小时之后，你还知道这是哪个品牌的广告吗？答案很有可能是不知道。根据研究表明，勉强只有10%的男人在看了与性相关的广告之后能记得在广告中被宣传的品牌。

对电影来说也是一样。加利福尼亚大学的电影研究者们在研究了最近十年的一千九百部电影之后发现，包含相对较多性内容和裸露镜头的电影很难占据排行榜中较高的位置。

## 531 回旋镖会回到它被扔出去的地方

回旋镖是澳大利亚的象征之一，但也在世界的其他地区被使用。已知的最古老的回旋镖发现于波兰，由猛犸象的象牙做成。它已经有三万年的历史了。

并不是所有的回旋镖都会回到投掷者那里。当然有会回到投掷者那里的回旋镖，但很多种回旋镖都被制作成直线飞行的。回旋镖不仅被澳大利亚的土著居民使用，也被北美的印第安部落使用。他们主要用它来打猎。回旋镖的优点是它们可以被扔得很远。

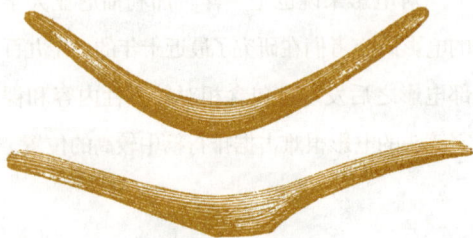

## 532 香水最好是涂在耳后和手腕内侧

尽量不要把香水涂到皮肤上。香水会使皮肤变干，加速颈部皱纹的形成，具有腐蚀性，在阳光的作用下还会增加皮肤灼伤和生成色斑的危险。

## 533 在壁炉中生火会让家里快速温暖起来

壁炉中的火焰给人一种温暖舒适的感觉，但它并不是让家里温暖起来的有效方法。传统的开放式砖砌壁炉设计会使空气流通，从而吸取房间外的空气来维持火焰的燃烧。这会导致产生的最大一部分热量进入烟囱里，因此可能造成冷空气从房子里其他缝隙流入房间，所以屋内实际上变得更冷了。为了享受壁炉的温暖，我们必须坐得很近，或者安装带有对流系统的现代壁炉。

# 534 如果建筑师忽略了书的重量，图书馆就可能沉入地里

在不同的大学校园里流传着这样一个故事：因为建筑师没有考虑到书的重量，图书馆正在慢慢地沉入地里。在图书馆建成并摆满图书之后，它就开始下沉了。

然而，在所有流传着这则故事的校园中，图书馆都非常坚固。这个故事可能是在学生中流传的笑话，暗指学生们必须搞定大量的学习资料。这是一个好玩的抱怨方式。一些爱讲笑话的人在2002年向世界传达了这样的信息："我们大学的图书馆有相反的问题。因为我们丢掉了一些包含过时信息的书，我们的图书馆开始上升了。一名顾问的结论是，这不是由于书籍重量的减少，而是因为知识的重量减少了。你可能认为过时的信息并没有现在的知识那么重，但事实明显不是这样。"

# 535 在下雨时跑得很快是没有意义的，你的衣服还是会和正常走路时一样湿

这可能让你大吃一惊，但是对于下雨时快跑能否让人更少淋湿这个问题，科学家们已经研究了数十年了。自20世纪50年代开始便有科学出版社研究这个问题，但各种各样的理论计算结果相互矛盾。最后，在1997年进行了一项科学实验。一名运动员在雨中以不同的速度走了200米。当他的速度为14千米每小时的时候，他的衣服里包含了130克水。当他在一样大的雨中穿着一样的衣服以5千米每小时的速度行走时，他的衣服因为下雨而重了217克。这表示快跑还是有用的。

# 536 橡木是最强韧的木材

世界上最强韧的木材——如果考虑柔韧性和可压缩性的话——是轻木。轻木非常轻，而且防蛀。

# 537 在家里所有的平面中最脏的是马桶圈

其实，事实刚好相反。根据一项彻底的研究显示，家中的一块地板上平均有132个菌落，而餐桌上则有26个。马桶圈上呢? 几乎没有!

# 538 要保持卧室空气清新必须一整天开着窗户

越多的（室外）清新空气进入房间，就越健康越有益。然而，空气流动的速度足够快，可以在更短的时间内完成通风工作。一般来说，通风半小时就足够让污浊的房间空气重新清新起来了。

# 539 最后一间厕所永远是最干净的

人们在公共厕所总会选择最后一间，因为大家都觉得它是最干净的。但是研究表明，太多人这样想了，导致事实正好相反。最干净的厕所其实是第二间。

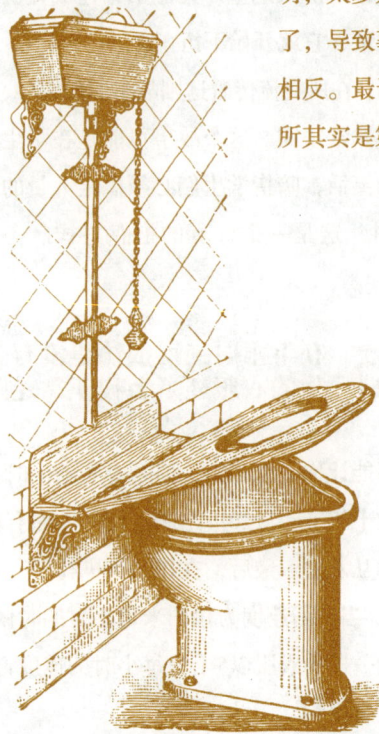

# 540 现在生活在地球上的人口数量比
我们这一代以前在地球上居住过的所有人的总和还多

20世纪70年代，一个英国作家写道，曾经出生过的所有人中的75%在那时还活着。这个故事顽强地流传了下来。

人口资料局于1995年调查了地球上生活过的人口总数，2002年又调查了一次。这相当困难。我们首先必须回答一些问题，如"人类是从什么时候开始出现的？"和"每个世纪的出生率是多少？"因为这些问题只能通过推理来回答，这些研究充其量只是半科学的。

尽管如此，这些研究仍然以非常严肃的方式进行。人们得出了至今为止地球上总共生活过1070亿人的结论。其他类似的研究得出的数字也都在1000亿到1500亿之间——这远远超过了目前的70亿人口。

# 541 幸运饼干来自中国

幸运饼干在美国的中餐馆里非常受欢迎。但这个习俗其实是日本的传统，也是由日本的移民带到美国的。在求签时，人们从许多支签中随机地拿出一支，来得知自己的命运。19世纪，在寺庙中使用的签便被一种点心所取代。

奇怪的是，幸运饼干在美国主要是在中餐馆中被提供的。更有甚者：当这个习俗被引进到中国时，它被看作"太美国化了"，就几乎没有取得成功。总结一下：这其实是被引入美国中餐馆的日本传统，但它在中国被视为"太美国化"。你没有被浇糊涂吧？

# 542 我们不能把电脑密码记录下来

许多年来，把密码写下来的行为都受到了最强烈的劝阻。记下来的密码太容易被不怀好意的人发现了。但根据不同的安全专家的观点，电脑被黑客攻击并以这种方式丢失敏感信息的概率比写下来的密码被盗取的概率大很多倍。

这并不是说在电脑上贴一张写上密码的便利贴就是可取的方法。如果你决定将密码写下来的话，就要确保其他人看到它之后不理解与提示信息有关的是什么。

如果密码由数字的组合组成，那就写下"度假日期"之类的词。也绝对不能写下哪个密码是属于哪个网站的。尽可能地让密码难以理解，除了你自己。

最简单的方法就是用写在一起的句子来作密码，比如说"我爱我的妻子"。这很容易记住，并且几乎不可能被破解。

# 543 普通的风扇也可以砍断人头

这则传言在《流言终结者》节目中被测试过。测试表明，风扇的扇叶太钝了，旋转得也太缓慢，无法造成重大伤害，脑震荡几乎就是最严重的结果了。

甚至时速几乎为90千米的工业风扇也不会将人头完全砍断，但它可以弄破脖子，切开动脉。因此最好不要以身试险。

# 544 小提琴弦是由猫的肠子做成的

小提琴由羊肠线做成——现在也常常会在其中添加一些不同的合成纤维。在英语中，羊肠线的同义词是"catgut"，是"cattle-gut"（牛的内脏）的缩写。而由"catgut"（英语中的羊肠线）想到猫的肠子（荷兰语中为"kattendarmen"）是很容易的事情。

# 545 在暖气上放一碗水是民俗

你冬天会有眼睛灼热、咳嗽或黏膜受刺激的烦恼吗？如果是这样的话，那你可能不是感冒了，而是不能适应太过干燥的空气。空气湿度一般为50%～60%，但是在寒冷的冬日也可能低至30%。有不同的方法可以增加空气的湿度，而最简单的就是在暖气上放一碗水。水蒸发了，空气就会变得更加湿润。其他成本低廉的解决方案包括摆放更多的植物，洗澡的时候开着浴室门或者关掉抽油烟机。

但哪个给空气加湿的方法其实并不值得推荐：它确实有效，但会消耗很多能量。

---

# 546 油箱的图标上把手的位置告诉我们燃料阀位于车的哪一侧

这非常有用。难道我们不经常自问我们应该从车的哪一侧加油吗？根据一些资料显示，我们只需要看看油箱图标上的把手位于哪个方向，因为这表明了燃料阀的位置。如果把手在左侧，那么燃料阀也在左侧。但这并不适用于所有的车。

比如，对于Mini Looper来说就不（总）是如此。新的迷你有另一种方法。在"该加油了"指示灯上有一个箭头显示了我们应该站在泵的哪一边。另一个方法是根据从前将加油站沿路而建的习惯。在一些国家，车在路的右边开，燃料阀便也位于车的右边，这样就可以直接加油而不用穿过马路了。遗憾的是，这条原则并不总适用于如今的汽车。

因此，并没有金科玉律。只有一点：好好看并记住燃料阀的位置。

# 547 洗碗机是为了让人们省事而被发明的

许多厨房电器都是为了让人们更轻松或者更快地做家务而发明的。然而，虽然没有人否认洗碗机让我们的生活变得更加轻松，它最初却是为了另外一个目的而被发明的。第一台机械洗碗机于1886年由美国人约瑟芬·加里斯·科克伦发明。她最主要的担心就是她家的保姆经常会打碎她家从17世纪就有的专用瓷器。因为她受够了这件事，便在一天晚上开除了保姆，自己洗碗，却发现这是一件不可能完成的事。她发誓自己发明一台机器来解决这个问题。当她的丈夫于1883年去世时，她负债了，便开始认真做这件事。她设计并制造了一台洗碗机。这台机器非常原始，用起来也很麻烦，但拯救了她昂贵的瓷器。它于1893年的芝加哥世博会上引起了轰动。第一台电动洗碗机于1912年问世，而第一台自动洗碗机于1940年在美国出现，1960年在欧洲出现。

# 548 吗啡会缩短人的寿命

吗啡不只被用于身患绝症的人们，也不是用来加速死亡的。大约有25%的吗啡被长期慢性疾病的患者，如类风湿性关节炎的患者使用。因此，吗啡的作用是缓解疼痛，对绝症病人也有减轻痛苦的效果。

# 549 当车子沉入水中在车灌满水之前
你可以打开车门

这一次，电影里的场景是对的：如果一辆车子沉入水中并且里面还没有灌满水，由于车内外压力差的作用，你是无法打开车门的。只有当车内灌满水，压力差消失，你才可以从沉水的汽车内逃脱出来。你最好是先深呼吸一下，这有好处。然而这也不是绝对的：如果你真的速度很快，你可以在车还没有入水很深的时候打开车门。这意味着你必须在短时间内克服最初的惊慌，松开安全带，打开车门。你也可以尝试打碎车窗逃生。很多人会在车上放一个应急锤来以防万一。你最常听到的建议是试着打开或砸碎车窗逃跑。如果没成功，就保持冷静，等待车内充满水后打开车门。

---

# 550 只把房子的一部分隔热是没有意义的，
如果其他部分没有被隔热的话

许多人认为，如果只把房子的一部分隔热的话，热量会从没有隔热的地方流失。因此，如果其他的墙面、房顶和地板没有被隔热并装上双层玻璃的话，只有一堵隔热的墙是没有意义的。

当一座建筑物的一部分被隔热时，没有被隔热的地方其热量流失并不会增加。我们可以通过一个直观的例子来理解这件事情。假设你穿着游泳裤走来走去，你觉得很冷，那么如果你穿上一件T恤而不是一条裤子，你也会觉得温暖一点。如果你的上半身更好地隔热了，也并不代表着你的大腿会突然失去更多的热量。当然，将整所房子隔热更好，就如同穿上上衣和裤子更温暖一样。

# 551 水床太重了，会陷进地板里

假设你晚上要睡在一张温暖的水床上，半夜却被响亮的断裂声吵醒。你还未回过神来，水床就猛烈地塌陷了。它穿过地板，掉到了楼下邻居的客厅里。而他惊讶地盯着天花板上完美的正方形的窟窿。

水床一直以来的一项生产要求就是将重量分摊到整个底面上。假设水床的重量是600千克，这些重量就会被分摊到比如说2.5平方米的面积上。通过这种方式，每平方厘米承受的重量甚至比普通的床还要小。而对于普通的床来说全部重量都要由它的四条腿来承受，它们的总面积加起来也不过几平方厘米。因此，当你睡在一张传统的床上时，你应该更担心。

# 552 如果水床破了，水会喷出来

在情景喜剧中有时会发生这种情况：水床破了。这一定会制造出一个喷泉，弄湿主角的衣服，让卧室浸水。这在电视上确实是非常有趣的事，但它对于水床来说是不可能发生的。

水床里的水并没有承受压力。如果水床漏了，水会非常缓慢地滴出来。如果水床破了一个小小的洞，那么还有一个小袋子（安全内衬）把漏出的水接住。因此水从水床中流出来几乎都是不可能的，更不要说喷出来了。

# 553 在浴缸里睡着可能被淹死

这是一则经常听说但是毫无根据的谎言。洗澡时在浴缸里打瞌睡并不能造成伤害。一旦你沉入水中并呛入了水，你就会本能地咳嗽并自动伸直双腿，这样你就又可以直立了。

但这仅仅适用于成人。小孩子的腿更短，他们的体重分布也不同，他们的头相对较重。如果他们沉入了水里，便不能这么简单地直立起来了。

# 554 较粗的蜡烛有较大的火焰

你可能认为较粗的蜡烛火焰更大，因为它有更多的蜡。但实际上，这正是较粗的蜡烛火焰更小的原因。蜡烛周围的空气会被加热，然后这些空气就会上升，新鲜的空气就会从下方进行补充。对于粗蜡烛来说，部分新鲜空气的流动会被蜡烛的厚度阻挡，因此氧气更少，火焰就更小。

# 555 蜡烛比电灯更环保

我们一般认为：用蜡烛的人不会消耗电能，因此蜡烛肯定更加环保。但是这并不正确。蜡烛确实节电，但它们是由石油制成的。石油不管是用于制造蜡烛还是发电，都会造成温室效应。也有不会造成温室效应并由其他材料（比如蜂蜡）制成的蜡烛，但这些蜡烛的蜡泪下滴得很快，也会很快产生烟雾，并且相对较贵。大多数蜡烛还是由石油（石蜡）制成的。如果我们将蜡烛和绿色能源相比，它们其实是很不环保的。

## 556 如果想要快速地制作冰块的话，就必须使用热的自来水

根据这个说法，热的自来水比冷的自来水更快结冰。虽然在特殊的环境下——实验室里——热水可以比冷水更快结冰，这个原理却不适用于家用冰箱的冷冻室。如果想要做冰块的话，用冷水会更快一些。别忘了当冰箱冷冻热的东西时，它会消耗更多的能量。把水加热也会消耗能量。我们有许多理由用冷水做冰块。

## 557 把电池放在冰箱或冰柜里可以提升它们的性能

把电池放在冰箱或冰柜里并不是一个好主意。它们非但不会由此提升性能，还可能因为低温受到损伤。低温造成的压缩可能使它们的触体或密封处生锈，这样，它们就报废了。

## 558 冰柜空着的时候消耗的能量更少

实际上，冰柜里装了什么并不重要。不管冰柜里装的是冰淇淋、比萨、纸箱或者空气，对它消耗的能量都没什么影响，因为冰柜消耗能量的多少并不取决于需要被冰冻的产品的性质，而是取决于冰柜的隔热性。但这个结论仅仅在冰柜关着的时候适用。打开空的冰柜时，进入其中的热空气比打开装了很多东西的冰柜时更多。这些热空气肯定都要被冷却，而这需要能量。

# 559 一张纸最多只能折7次

这则传言已经流传了很久了，而检验它真实性的最好方式就是自己试一下。尝试过的人就会很快得出结论——它根本不对。

现在，这一纪录由一些美国学生保持。他们成功地将一张纸折了13次。

做这件事情的诀窍是用一张尽可能薄的纸，如厕纸。纸的选择非常重要，因为折叠之后的厚度会根据纸的厚度呈几何级数增加。

比方说，一张纸折之前的厚度是0.1毫米，那么在折了14次之后的厚度也会超过1.5米。在折了20次之后，它就会像教堂的钟塔一样高了。其他的诀窍有用很大一张纸（因为这样的话，面积和厚度的比例就会增加)，或者垂直折叠。

如果用一般的书写用纸垂直折叠的话，这则传言是对的。这样的话确实最多只能折7次。

# 560 相机的像素越高越好

当有人问一个著名摇滚乐队的吉他手为什么他们的扩音器音量要调到11而不是像传统的扩音器一样调到10的时候，他必须思考一下，然后回答道："嗯，那样更大声一点不是吗？"

这当然是没有意义的，但是对于相机的像素来说也是如此。像素更高的相机并不会拍出更好的照片。更高的像素只有在我们想要拍很大的照片又不想牺牲画质时才很重要。

但是对于正常的照片来说，如果像素的差异在600万到1200万之间的话，像素的大小无论如何都不会有任何影响。在买相机时，基于像素的大小来选择也没有任何意义。与纠结于区区一百万像素的差异相比，有更好的方法来拍出一张特别的照片。

更高的像素有时甚至是有坏处的。如果一个很小的传感器有太高的像素的话，图像的干扰就会增加，图像的质量就会下降。

# 561

### 如果一台老虎机很长时间没有人赢钱，那它很快就会开出大奖

现代老虎机的赌局输赢取决于随机生成的数字的组合。这些组合一直在换，因此赢的概率一直是一样大的，不管老虎机刚刚开出大奖还是即将开出大奖，这一概率也不会改变。因此老虎机中绝对没有在一定的回合数或一段时间之后产生大奖的计数器或计时器。但是我们也不能认为一切的发生都完全是偶然的。老虎机赌局的设计原则是机器会完全随机地，时不时地开出一些奖励。这样的话，玩家就不会太快灰心，就会一直花钱玩下去。但遗憾的是，老虎机也会让人们在最后输掉所有的钱。赢的总是赌场！

---

# 562

### 如果有人溺水了，他会挥动手臂

溺水时挥动手臂求救的场景经常出现在动画片和漫画中。但请记住：如果一个人能够挥动手臂和呼救的话，他就并没有溺水。溺水者的本能反应是保持安静，并且有一些细微的动作。溺水的人换句话说当时生理上不具备挥动手臂或者呼救的能力。

这就是为什么溺水非常容易发生的原因：除非某人经过特殊的培训，可以给出让人发现他溺水了的信号，否则人们并不会注意到有人溺水了。

# 563 一些青春期的女孩为了变醉把卫生棉条浸入伏特加中

这个故事从1999年就开始流传。它可能来源于芬兰的一个药物及酒精成瘾者中心的董事。他宣称芬兰东部有女生用在酒中泡过的卫生棉条来让自己变醉，并对此成瘾。

但是真的付诸尝试会出现很多问题。卫生棉条非常吸水——这也是它们被制作出来的原因——如果它们充满水分，便很难插入体内。亲自体验的女记者们也发现阴道如果直接与伏特加接触会带来巨大的疼痛。这种疼痛在一段时间之后仍然不会消失，会持续很久。最后，即使是最大的棉条最多也只能吸50毫升伏特加，而且这50毫升还会损失一部分，因为棉条在放进体内之前需要被拧一下。即使是青春期的女生也不会因为50毫升伏特加而变醉，不管这些酒是怎么进入体内的。我们也不建议年轻人这样做。

# 564 赌场在清晨会输入氧气

疲惫的赌徒们会通过这种方式获得新的能量，并继续赌博，而这会让赌场有额外的收入。然而有不同的争论反对这种说法：

在空气中添加氧气会带来火灾的危险。

输入氧气是非常昂贵的，因此问题是额外的利润会不会比输入氧气的费用多。

要达到预期效果就必须使用医用氧气（浓度为100%的氧气），而它只能通过由医生开处方来得到。除此之外，需要大量的氧气才能达到效果。

添加氧气可能不被法律允许。

还有其他许多关于赌场的传言。据说有人坐在一个单独的房间里决定谁是下一个赢得大奖的人。在一个刚刚开出大奖的机器上赌博也是不明智的。（参见第561个谎言，"如果一台老虎机很长时间没有人赢钱，那它很快就会开出大奖"。）

# 565 一月的某几天
可以预测这一年其他时间的天气

这段时间专属于某个掌管天气的圣人。也有一些与之相关的谚语可以预测接下来的天气。

在我们这个地区，一月的最后12天的天气决定了这一年中其他时间的天气。而在这几天中最重要的就是1月22日和1月25日。如果1月22日是晴天，就预示着这一年会有很多多风的天气。如果1月25日是晴天，就预示着这是葡萄丰收的一年。

所有的这些谚语从文化和历史层面看都是很有趣的，但它们的预测价值很小。当然，这些预测有时会成为现实，但这并不足以证明它们的预测价值。

---

# 566 如果用手指敲打一罐摇过的可乐，
可乐并不会喷出来

我们完全可以测试一下这个传言。如果我们摇动一罐可乐或者其他碳酸饮料，饮料中就会形成气泡。这些气泡由碳酸组成，而碳酸经过摇动之后会运动起来。由于这些气泡的存在，压力变大了，可乐就会因此喷出来。但是敲打饮料罐有效果吗？

敲打哪里都无所谓，饮料并不会喷出来。你可以耐心地尝试一下。大约一分半钟之后，气泡又重新回到一起，碳酸也与饮料充分地混合起来。如果敲打一分半钟的话，当然会有相同的结果，但这并不取决于敲打本身。

# 567 抛硬币时得到正面和反面的概率是相同的

你可能认为做决定时没有比抛硬币更公平的方式了。但是抛硬币也不是解决事情的最好方式。想要增大赢的机会的人会着眼于在抛硬币之前朝上的那一面。这一面在落下之后仍然朝上的概率并不是50%，而是在51%到60%之间。根据科学家的观点，这一现象可以用把硬币抛向空中的手解释。大多数人都用拇指抛硬币，这使得硬币不仅围绕自己的轴旋转，也会像飞盘一样（围绕其他的轴）做圆周运动。

这种"飞盘效应"使得抛硬币前朝上的那一面在空中也有更长的时间保持向上。旋转的运动越剧烈，原先朝上的那一面落下之后还是朝上的概率就越大。足球运动员可以用这一知识增大他们赢的概率。

# 568 从很高的建筑上掉下的硬币能砸死人

据说，从埃菲尔铁塔上扔下的硬币有足够的速度，能刺穿人的头骨。埃菲尔铁塔高317米，从这个高度掉下的硬币与空气发生了许多摩擦并受到阻力——硬币的下落路线也不完全是流线型的——因此它不会产生巨大的速度。被从高处落下的硬币砸到头绝对不是一件开心的事情，但你还是可以继续活下去，而且还收获了一枚硬币。

# 569 硬币可以让火车脱轨

我们最重的硬币（2欧硬币）其重量也不到8.5克，而一列火车轻易便重达200吨。这是不平等的斗争。你唯一得到的就是一颗被压扁的硬币。我们可以将它与铁轨上的汽车作比较：如果这辆车与火车相撞了，那它几乎什么也无法剩下，而火车通常毫发无损。

# 570 遇上飞机坠毁
你很少有机会生存下来

尽管有许多关于飞机坠毁的恐怖故事，但大部分遭遇飞机坠毁的人都生存下来了。根据美国国家运输安全董事会的数据，遭遇飞机坠毁的所有乘客中，有高达95.7%的人幸存下来了。在2000年到2008年间，所有报告的飞机事故中只有百分之六造成多人死亡。

当然，媒体主要集中报道飞机从高空坠落的大型空难。这样的空难里幸存的机会显然是很小的。然而，也有许多小的飞行事故，造成的后果要轻微很多。

# 571 坠机时乘客使用特定姿势
会令其死的快速而无痛苦

它也会在空难后让人根据你的牙齿更容易辨认你的身份，因为那个姿势给你的牙齿额外的保护。简单地说，你这样做部分是为自己，部分是为罹难后要给你做身份鉴别的可怜人。

在现实中，这个姿势正好提供了生存的最好机会。但这里我们谈论的是低速状态下在起飞或降落时发生的空难。71%的人死在一场通常不会致命的飞机坠毁灾难中，他们死在飞机完全静止之后，通常是因为他们没有采用好的姿势。

飞机在高空坠落时，你采用什么姿势并没有太大的区别。

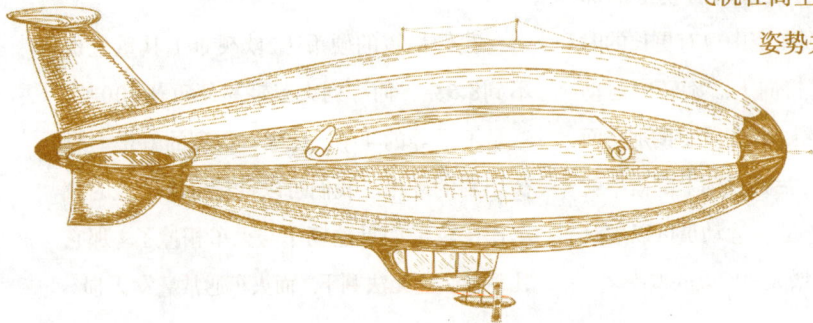

## 572　飞机是最不安全的交通工具

当你把飞机事故量和其他交通工具比较时，你就会发现飞机是相当安全的。每年在世界范围内的约3000万航班10亿乘客中，只有大约600至1000人左右遇上空难。这个数字要比旅途上发生的总死亡数量小得多。人们产生错觉的原因大概是航空事故的特殊性和造成的严重后果，航空事故也因此得到更多的媒体关注。

## 573　驾驶时开窗比开空调更省油

如果你开着车窗行驶，那么汽车的空气动力会降低不少。开着窗户以90公里每小时的速度行驶，你会因侧风造成20%左右的浪费。相同条件下如果开空调（这时候窗户紧闭）你只会浪费10%。

然而如果你只是低速行驶一小段路的话，还是开窗比较省油。

## 574　互联网让我们变得愚蠢

我们愿意相信这个说法，是因为互联网以某些特定的方式降低了我们的独立性。我们的GPS设备为我们导航，我们记得的事情就更少了，因为我们可以通过谷歌来找路。但我们并不一定会因此变傻。使用互联网确保我们更多地依靠心理学家所说的交互记忆。这种记忆其实是非常有用的，因为我们能通过它在更少的空间里储存更多的信息。这种记忆方式并不是记住整篇文章的内容，而是记住一些关键词就足够了。这样，我们就可以在搜索引擎中搜索这篇文章。

如果你因此认为自己无法在大脑中完整地找到实际信息，那你就知道为什么许多人都认为互联网让我们变成傻子了。当我们上不了网时，我们就会失去很多知识，因为交互记忆这时就没有用了。直到我们有真正的证据为止，整个想法似乎都会围绕着我们已经改变的处理信息的方式进行。

# 575 手机可以传递汽车遥控钥匙的信号

丢了车钥匙？把车钥匙落在了车里？没问题，只要给有汽车遥控备用钥匙的人打个电话就好了，让他拿钥匙对着电话，按下钥匙按钮。同时，你把你的手机放在车门口。手机会传递遥控信号，然后车门就开了。

这种方式可能为你省去很多麻烦，但是遗憾的是它行不通。遥控钥匙通过特定频率无线电波来提供加密数据，你是不能通过手机传递这种数据信号的。因此你必须等有备用钥匙的人亲自过来。

# 576 如果你对红灯闪汽车大灯，红灯会自动变绿灯

你可能问是否有人真的相信这种说法。的确很多人会相信，而且人数比你想象的多得多（虽然他们肯定不承认）。他们认为闪大灯表示这是紧急车辆（如救护车），因此红灯会变绿灯。

这显然是错的。交通灯要么带定时器工作，要么由感应器控制，传感器会检测交通状况。

即使是万能遥控器也不能让信号灯跳转为绿色。

# 577 生物柴油比传统柴油或汽油更环保

研究结果却是相反的。在考虑生产链时，很多情况下所有类别生物柴油和乙醇的环保性要比矿物柴油和汽油差些。研究人员计算了燃料排放的二氧化碳（$CO_2$）量，土地使用面积和化肥用量，显示最可持续的燃料是甘油甲醇。排在第二位的是由木材废料生产的生物甲醇。第三位的是电动行驶，其前提条件是电流的可持续供应。

# **579** 混合动力汽车油耗更低

混合动力汽车的主要优点是，其二氧化碳排放量比传统汽车低得多。然而混合动力汽车并不是最经济的。在城市交通中混合动力最节省，而在交通顺畅的高速公路上则是柴油最节省。柴油需要较长时间才能热起来，因此不推荐用于短途旅行。而汽油车总是比上述两类耗油得多。当然，上述比较用的是类似或相同车型，因为一辆混合动力的货车耗油量肯定大于一辆汽油轿车。

# **578** 制动刹车可以让汽车更快停下来

如果你车子太滑了然后希望很快停下来，你就必须采用制动刹车。以前制动刹车是能让汽车又快又安全地停下来的最佳技术。现在几乎所有的汽车都配有防抱死系统（ABS），它可以让你高效刹车。实际上防抱死系统工作时类似制动刹车，但是比人工刹车好得多。因此如果你自己制动刹车，这个系统会起不上作用，它会增加你的刹车距离。所以此时用力踩制动踏板才是主要任务。

# **580** 你在被逮捕时有权利打免费电话

警察局和监狱里当然有电话，但是没人有义务让你去用它。你有打电话给律师的权利，如果有必要的话，律师可以努力让你获得使用电话的权利。

# 581 被捕时警官必须宣读你的权利，否则你不能被定罪

警方在经过多月的深入调查后终于掌握足够的证据对罪犯进行刑事指控。在逮捕的时候警官总是会说："你有权保持沉默……"如果警官没有宣读你的权利，那么你就不能被定罪。

要是这么简单的话就好了，实际上考虑这些的法官还没有出生。更确切地说，你在被捕时所说的任何话都不能作为对你不利的证据。当然在特定情况下，比如你喝醉后被逮捕，法官不会去关注你到底嘀咕了什么。最后：尽管你不应对警方撒谎或破坏证据，但是保持沉默不会对调查产生干扰。没有法官会因为你的沉默而不进行审判。

# 582 多亏了消声器，你几乎听不到枪响

你一定在詹姆士·邦德电影中看过这样的场景：某人用一把消声手枪开火，你听到的只是"扑"的声音。消声器是不会让枪完全没有声音的。枪械声音来自气体快速扩张推进引起的压力波，消声器会在首位压制该声音。但这仅是枪声的一部分。更关键的一个声音是子弹穿过音障的音爆声。

现今一般的消音器可以把噪音降低到14~43分贝，具体数值取决于各种因素。如果你了解分贝标度是对数的话，你就知道这个值是相当小的。例如，200分贝要比100分贝响亮千倍，降低40分贝代表着噪音降低到了百分之一。这并不是好莱坞让你变聪明了。

# 583 警察要花很长时间才能确定电话从何处打来

这同样是好莱坞的一则故事。在美国影视剧中，受害人会要求坏人别挂电话，以便于警方追踪电话来源地。如果这是真的，紧急服务系统又是怎么快速找到呼救来源地的呢？警方甚至可以通过一个电话就大致确定你打电话的位置，城市要比农村更容易确定。另外，我们都知道美剧经常会制造兴奋点。如果坏人一下子就被抓住了，剧情就显得无聊了。

# 584 子弹射击会造成大爆炸

让我们再一次回顾美国电影里的剧情：子弹打穿油箱，直接飞到空中。为了测试这个好莱坞剧情是否合理，我们用各种子弹射击几辆装满爆炸物的油罐车。液体从油罐里流出来，但是并没有发生壮观的大爆炸。

理论解释很简单。爆炸需要的条件是氧气和点火（例如火花）。油罐车内没有氧气，子弹在多数情况下也不带火花。但是我们必须承认，没点爆炸情节的动作片会很无聊。

# 585 如果你喝多了，只要吮吸一枚硬币，你就可以在交警的呼气酒精测试中显示为阴性

人类在规避呼气测试方面的智慧是无穷的。2005年3月，一个59岁的司机为了让自己的呼气测试值为负数竟然吃了自己的粪便。遗憾的是，这里提到的吮吸硬币（不管它是两块还是两分欧元硬币）的方法并无帮助。

人群中还流传着其他很多技巧。你可能听说过用漱口水漱口，但遗憾的是这也没什么帮助。相反的，有些漱口水会含有酒精成分，它甚至会让你在来饮酒的情况下也能测试出阳性。

## 586 穿上防弹背心 你就什么都不用怕了

你发现自己正处于阿富汗或秘鲁的一个险境，你后面还有拿着卡拉什尼科夫冲锋枪的恐怖分子在追。然而你不会有什么危险，因为你有一个秘密武器：防弹背心。在电影中，我们看到的防弹背心都梦幻般的好，它似乎像个神奇的墙一样保护着你使得你中枪后依然无恙。

在面对小型枪支射击的时候，藏在你衣服里的防弹背心可以充分保护你。但一旦恐怖分子用的是大型枪支，防弹背心起到的作用就只是一个减缓子弹速度的夹层了。

士兵们都有自己的防弹衣，它要比防弹背心更重更硬，但即使是这个16公斤的防弹衣，也只是对14米外的射击起到保护作用。当然，更好的方法就是避免遇到恐怖分子。

## 587 大本钟 是伦敦国会大厦塔

"大本钟"经常被认为是伦敦国会大厦塔（或塔内的时钟）。而事实是大本钟是看不见的：它位于钟楼时钟后面。该钟自1858年时就有，重达13195磅，是世界上最重的钟之一。每过15分钟，钟楼上的4个小钟就开始报时；每到整点，大本钟就会在4个小钟敲击后发出报时声。

## 588 香烟中最有害的物质 是尼古丁

这取决于你自己的看法。尼古丁本身并不是什么非常有害的物质，香烟中的其他物质才真正致癌。尼古丁只是具备让你上瘾的属性，因此它间接地被说成是罪魁祸首。这也是为什么可以给戒烟中的人提供尼古丁的原因，因为它不是香烟中真正有害的物质。

## 589 在俄罗斯人使用普通铅笔的同时，美国航空航天局却在一支特殊的圆珠笔上花费了一百万美元

美剧《白宫群英》(*The West Wing*)中又重新提到了这个故事。早期宇航员在太空中都使用铅笔。但铅笔并不绝对安全：铅笔木头易燃且书写产生的石墨残渣容易使电子设备短路。因此太空笔的研制十分必要。然而这种笔并不是美国航空航天局研发的。保罗·费舍尔(Paul Fisher)独自研制了这种笔，并提议美国航空航天局使用它。美国航空航天局采用了这种太空笔，并从那时起，太空笔替代了铅笔。之后俄罗斯人也采用这种太空笔。

太空笔的技术别出心裁：它不泄漏，几乎可以在任何表面上书写（即使在水中），而且非常耐用。

## 590 日本给本土一座城市起名为Usa，来把他们的产品打上"美国制造"的标识

据说二战后，美国对日本的一切产品表示出极大的厌恶。日本为了打开美国市场，把本土一座城市起名为Usa，这样生产的产品就打上了"美国制造"的标识。

的确有Usa城。它就坐落在九州岛，但是这座城早在二战前就已经存在了。另外，在注明产品原产地时标的是原产国，而不是原产城市；日本也不例外。

大概美国人要是发现自己进口产品上还标着"美国制造"也会觉得奇怪吧。但也有个例外：北马里亚纳群岛可以在自己产品上标上"美国制造"，这样可以免税出口到美国。

# 591 精神病患者
有暴力行为

在很多经典影片中，如《精神病患者》（Psycho）和《黑色星期五》（Friday the 13th），可怕的凶杀案罪犯都有精神障碍。四分之三的电影中的精神病患者都有暴力行为。难怪我们会下意识地把精神病患者定义为有暴力行为的人。

但这是错误的。百分之九十以上的患有严重精神障碍的病人从未有过暴力犯罪。在所有暴力犯罪中只有百分之三到五是精神病患者所为。事实上，精神分裂症患者更容易成为暴力犯罪的受害者。

---

# 592 佛罗里达的一个公司
提供安乐死巡航

据该故事，一群来自佛罗里达的商人创立了"安乐死游轮"公司。每个月会有25人登上"最后的晚餐"（一艘豪华三桅船）。它会在乘客自愿跳入大海结束生命之前一直在海上巡游三天。尽管有些乘客是病入膏肓的，但大部分都是健康的成年人。

这个故事最早出于艾伦·阿贝尔（Alan Abel）的讽刺专栏，然后很多对这个讽刺故事没有感觉的人就急切想试一下安乐死巡航。因此安乐死巡航的目的只是让我们大失所望。

## 593 大麻是一种软性毒品

大麻常被说成是一种比烟草更具毒性，但又不如海洛因或可卡因危险的软性毒品。最近的研究显示这完全是个谬论。但是多达四分之三的现有大麻含有高量四氢大麻酚（THC），已经达到硬性毒品的标准了。荷兰政府认定四氢大麻酚含量超过15%的为硬性毒品。

## 594 使用软性毒品的人更容易使用其他毒品

这就是所谓的垫脚石理论。它认为那些吸烟、喝酒或抽大麻的人或早或迟都会发展为服用硬性毒品。但是这个推理并无证据支持。虽然几乎所有服用可卡因、摇头丸和快速丸的人之前都抽过大麻，但这并不意味着抽大麻就是服用其他毒品的起因。

## 595 因为你不会对大麻上瘾，所以它是无害的

不管是烟草、酒精还是其他非法毒品，服用总是有风险的。抽大麻的人会对其产生依赖性。大麻会导致精神依赖性：你需要大麻来让自我感觉良好。身体依赖性相对少一点。你会在戒掉过程中感受到身体依赖性。当你的身体已经习惯了大麻的存在，一旦没有了大麻，身体功能表现就会差一点。戒大麻的症状有失眠、不安、过度出汗，还有易怒。你服用大麻的量越多时间越久，风险也就越大。没人愿意承担风险，所以最好一开始就不要去碰。

# 596 爱斯基摩人住在冰屋里

当我们想到爱斯基摩人——事实上是"因纽特人"，因为"爱斯基摩人"这种说法含种族主义成分——时，我们脑海里会呈现冰屋画面。因纽特人以前造冰屋，现在也跟我们一样住在通电且装修过的普通房子里。冰屋分不同种：狩猎时的临时小冰屋，还有用于平时居住或仪式用途的大冰屋。然而大部分的冰屋是用来躲避冬天寒冷的临时居所。永久性房屋是用鲸鱼骨骼和动物皮造的，用雪或石头来隔挡。欧洲人的到来对因纽特人的生活方式产生了深远的影响，20世纪预制木结构房屋取代了石头房和兽皮帐篷。到20世纪50年代几乎已经没有传统的民居了。

幸运的是现在还有一些因纽特人会造雪屋，但遗憾的是他们也上了年纪时日不多了。

# 597 牛仔持左轮手枪与印第安人战斗

很多关于牛仔的老套形象起源于20世纪20年代的美国西部片。但大多数真正生活在美国西部的牛仔们是买不起左轮手枪的。就算有一个牛仔有左轮手枪，他也很可能打不好。

成为一名神枪手并保技能需要强化训练，而这要花费大量的时间，况且子弹并没有便宜到可以让他们进行无止境的练习。最有可能的是，绝大多数牛仔们用猎枪保护自己，那时候持有左轮手枪的通常要么是强盗要么是执法官员。

牛仔的另一个老套形象是，他们喜欢射击印第安人。现实中，大多数冲突发生在印第安人和军队之间。

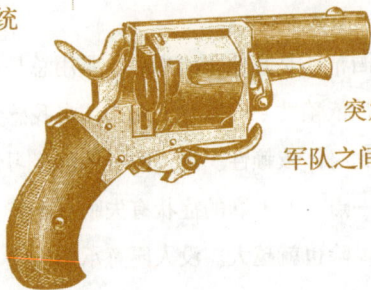

# 598 自闭症患者
## 是社会的一大危害

虽然自闭症患者言辞可能带有攻击性或可能犯了罪，但是我们也不能以偏概全。事实上，自闭症患者的犯罪率跟常人无异。

# 599 不管你对数学擅长与否，
## 这个事实你无法改变

这是成绩不好的学生常用的借口。的确有些人在数学方面要胜过其他人，但这并不意味着差生就是无药可救的。数学是一种思维方式，用逻辑推理来解决问题。你可以以正确的方法学习，使得自己能够更好地进行数学估算，数学分离，并在最后成功解决数学问题。但这个棘手的过程并不是大部分青少年都能坐享其成的。

# 600 自闭症患者总是有潜在或
## 特殊的才能

有时候，我们能听到有关于自闭症患者的一些奇闻。斯蒂芬·威尔特郡（Stephen Wiltshire）就是个例子。他被大家称为人类摄像头，因为他可以在搭乘直升机短期飞行后把城市重绘得很详尽。好莱坞电影《雨人》（*Rain Man*）也有描写。

不过尽管有些自闭症患者有特殊卓越才能，但不是每个自闭症患者都是这样的。大部分自闭症患者是没有特殊才能的。

一家名为"Specialistern"的丹麦公司因帮助自闭症人群而获得众多奖项。该公司本身雇用大量的自闭症患者，并介绍自闭症患者给其他公司。因为自闭症患者通常精神会高度集中，所以他们也比普通员工更善于完成类似软件测试的工作。

# 601

**巴黎卢浮宫前的金字塔**
**含666块玻璃板**

该建筑是由华裔设计师贝聿铭设计，于1988年竣工。金字塔线条的交叉点像是巨大能量的催化剂一样影响着巴黎统治者。这条命题来自于丹·布朗的《达芬奇密码》（*The Da Vinci Code*）并被一些人信以为真。在这本书中，丹·布朗声称金字塔有666块玻璃板，但实际数字并非如此，而是跟666接近的673。另外，原设计是打算放698块玻璃板的。丹·布朗为了让他的故事更具信服力而稍加了改动，使得人们也把这当真了……

# 致 谢

写这本书我花了不止几个小时，几天，几周在，而是几个月的时间进行研究工作。如果没有我有耐性的妻子和孩子们，甘愿忍受我在电脑前一待就是几个小时，也不断给我提供思路，这项工作绝对无法圆满完成。感谢你们的耐心、建议以及提供的支持。

感谢兰诺工作室（Studio Lannoo）精美的设计。

最后，我要感谢每位为这本书的完成做出贡献和提供想法的人。